MOLIÈRE

LES

PRÉCIEUSES RIDICULES

HACHETTE ET Cie

LES

PRÉCIEUSES RIDICULES

COMÉDIE

A LA MÊME LIBRAIRIE

Coulommiers. — Imp. PAUL BRODARD. — 26-1900.

MOLIÈRE

LES

PRÉCIEUSES RIDICULES

COMÉDIE

PUBLIÉE CONFORMÉMENT AU TEXTE DE L'ÉDITION
DES
GRANDS ÉCRIVAINS DE LA FRANCE

AVEC UNE VIE DE MOLIÈRE, UNE NOTICE, UNE ANALYSE
ET DES NOTES

PAR

G. LANSON
Docteur ès lettres
Maître de Conférences suppléant à l'École normale supérieure

PARIS
LIBRAIRIE HACHETTE ET Cie
79, BOULEVARD SAINT-GERMAIN, 79

1900

AVERTISSEMENT

L'abondance des matériaux accumulés par les érudits, biographes, critiques qui se sont voués à l'étude partielle ou générale de Molière est telle que la principale affaire, dans un travail comme celui-ci, doit être de choisir et d'approprier. J'ai tiré un grand parti dans la *Vie de Molière* de la copieuse biographie où M. P. Mesnard a condensé tous les travaux antérieurs (Collection des Grands Écrivains, t. X). Pour la *Notice sur les Précieuses ridicules*, je dois beaucoup à celle qui est au tome III de la même édition. Enfin mon commentaire explicatif est en grande partie emprunté aux notes qui accompagnent la pièce dans ce troisième volume, au très exact *Lexique* composé par M. Desfeuilles pour cette édition, et au *Lexique* si riche et copieux de M. Livet, que j'ai eu constamment sous les yeux. Je me suis servi aussi d'un excellent chapitre de M. Roy, dans son *Étude sur Charles Sorel*, 1891, in-8 (Chap. x : La langue des *Précieuses* étudiée à l'aide des ouvrages de Sorel); quiconque voudra savoir avec précision ce qui était réellement comique en 1659 dans le langage des personnages de la pièce, et quelle est la justesse et la portée de la satire, devra lire ces pages substantielles.

VIE DE MOLIÈRE

Jean-Baptiste Poquelin, qui prit au théâtre le nom de Molière, fut baptisé à l'église Saint-Eustache le 15 janvier 1622. Il était fils de Jean Poquelin, marchand tapissier de la rue Saint-Honoré, et de Marie Cressé, fille d'un tapissier. Jean Poquelin était le petit-fils d'un marchand, bourgeois de Beauvais : dans ce coin de l'Ile-de-France était le berceau de la famille, que l'on y trouve dès le XIVe siècle. Molière est donc né en pleine terre française, de souches bourgeoises : on peut de là induire quelle hérédité le marqua.

Il perdit sa mère en 1632, et son père se remaria l'année suivante avec la fille d'un marchand parisien, qui mourut à son tour en 1636. Il serait téméraire d'affirmer que le souvenir de cette belle-mère ait fourni les traits du personnage de Béline.

Il est possible que le grand-père maternel Louis Cressé ait conduit l'enfant souvent à l'Hôtel de Bourgogne. Il est possible aussi qu'il ait vu les théâtres de la foire Saint-Germain : le grand-père Jean Poquelin, tapissier comme son fils, possédait dans l'enclos de la foire deux loges ou boutiques, qui à sa mort, en 1626, passèrent à ses héritiers. Cela donna sûrement au petit Jean-Baptiste la commodité de fréquenter la foire. On aurait peine à croire, quand ces circonstances n'inviteraient pas à la conjecture, qu'un enfant du quartier des halles, entre 1630 et 1636, ait pu s'élever sans voir les farceurs enfarinés, qui, soit à l'Hôtel de Bourgogne, soit à la foire, faisaient la joie des bourgeois et du peuple. A l'Hôtel de Bourgogne c'étaient les beaux jours de la farce, que le fameux trio Turlupin, Gros-Guillaume et Gaulthier-Garguille représentaient après la pièce sérieuse et littéraire : après eux venait Guillot-Gorju. Autour d'eux, vers le même temps, le vieux marchand et docteur Boniface, le terrible capitaine Fracasse, deux autres hommes qui, jouant en travesti, se nommaient dame Perrine, femme de Gaulthier-Garguille, et Alison, nourrice ou vieille, un peu plus tard un docteur Fabrice, un écornifleur Goguelu, composaient une troupe de farceurs, pour lesquels, plutôt que pour la tragi-comédie et la tragédie, écoliers, marchands et soldats affluaient à la comédie. Des farceurs de même ordre jouaient à la foire. Il suffisait de passer sur le Pont-Neuf pour y trouver la farce installée : en face du Cheval de bronze, devant la place Dauphine, pour attirer les badauds à la boutique du charlatan Mondor, son frère Tabarin faisait la parade; avec Francisquine, Isabelle, le capitaine Rodomont et le bourgeois Lucas, il égayait le bon peuple de Paris, et le sac où par peur se coulait le vieillard, demeurait longtemps dans les mémoires. Au bout du Pont-Neuf, en face de la rue Dauphine, un autre farceur et charlatan, Descombes, faisait concurrence à Tabarin et à Mondor, ou leur succédait. Il est impossible que le petit Poquelin n'ait pas vu de ses yeux d'enfant quelques-uns de ces spectacles; ces germes levèrent plus tard.

En 1631, Jean Poquelin acquit d'un frère cadet qu'il avait l'office de tapissier ordinaire de la maison du roi, auquel était attachée la charge de valet de chambre. En 1637, il en assura la survivance à son fils. Mais ce beau fils destiné à approcher le roi avait besoin d'être instruit pour n'être pas au-dessous de sa fortune : on le mit au collège de Clermont, chez les jésuites, à la fin de 1635. Il y resta jusqu'en 1640.

Reçut-il les leçons de Gassendi? C'est une tradition qu'il est difficile également de prouver et de détruire. Il parait vraisemblable qu'en 1641 l'épicurien Gassendi instruisit dans la philosophie Chapelle, fils de son ami le conseiller Luillier; Bernier, et peut-être J.-B. Poquelin, et Cyrano de Bergerac assistèrent à ces entretiens. Ce serait sous l'influence de Gassendi que notre jeune homme, avant 1659 certainement, et sans doute avant son séjour en province, aurait entamé une traduction de Lucrèce, qui ne fut sans doute jamais finie, et dont un fragment peut subsister dans une tirade fameuse du *Misanthrope*. Ce qui est sûr, c'est que Molière restera lié avec des libertins, épicuriens, sceptiques, Chapelle, Bernier, Cyrano, La Mothe Le Vayer. Il est de leur groupe, et aussi étranger qu'il est possible de l'être, sans hostile animosité, au christianisme et à la philosophie chrétienne.

Il fit des études de droit, et prit sa licence à Orléans, où une peu florissante Université délivrait des diplômes moyennant finance. Mais il ne plaida point, ou peu. Il exerça la charge de tapissier valet de chambre du roi, à la place de son père, en 1642, pendant le voyage que fit Louis XIII à Narbonne : il y put assister à la chute du favori Cinq-Mars. Il semblait entrer dans la vie régulière, aisée, bourgeoise : mais tout d'un coup, en 1643, il avertit son père qu'il renonçait à sa survivance. On la fit passer à son frère cadet, mais, celui-ci étant mort en 1660, il la reprit, et s'en trouva bien pour ses affaires de poète et de directeur de troupe.

Jean-Baptiste Poquelin voulait être comédien : il forma une société avec quelques jeunes gens, parmi lesquels Joseph, Madeleine et Geneviève Béjart, enfants d'un huissier; ils s'installèrent au jeu de paume des Métayers « proche la porte de Nesle », sous le titre pompeux de l'*Illustre Théâtre*, et commencèrent à jouer en janvier 1644. Les affaires allèrent mal : il n'y avait sans doute pas de place alors à Paris pour trois théâtres. A la fin de l'année, la troupe se transporta au jeu de paume de la Croix-Noire « proche l'Ave Maria », au Marais. Les affaires n'en allèrent pas mieux. Molière (c'est sous ce nom qu'il jouait) fut emprisonné au Châtelet, relâché sous caution, arrêté de nouveau, pour des dettes qu'il avait contractées. La situation était intenable : nos comédiens se décidèrent à éprouver si la province leur serait plus favorable que Paris. Ils vécurent la vie du *Roman comique* : s'il est téméraire d'affirmer que ce soit leur troupe que Scarron ait eue en vue, toutes les troupes se ressemblaient par la composition, la fortune, les aventures, les semaines de misère coupées de brillantes journées en quelque ville riche et amie du plaisir, ou de séjours agréables chez quelque grand seigneur passionné pour la comédie. On suit mal Molière pendant les douze ou treize années qu'il court la province : les signatures recueillies çà et là, les actes de mariage ou de baptême, les contrats notariés qui le mentionnent et où il intervient, fournissent le plus clair des renseignements qu'on a.

On le trouve à la fin de 1645 et en 1646 à Bordeaux, où ses camarades et lui entrent dans la troupe du duc d'Épernon; en 1647, il est peut-être à Toulouse, à Albi, à Carcassonne. Il est à Nantes en 1648, à Toulouse en 1649, puis sans doute à Montpellier, pendant les états de Languedoc, et à Narbonne, où l'on constate sa présence en janvier 1650. Le duc d'Épernon l'appelle avec ses camarades à Agen en février 1650. Puis nos comédiens jouent à Pézenas, pendant la session des états de Languedoc qui dure du 24 octobre 1650 au 14 janvier 1651. Mais le 14 avril Molière est à Paris. On note ensuite sa présence à Vienne en 1651, aux états de Carcassonne (fin de 1651 et début de 1652). Déjà peut-être la troupe avait-elle fixé sa résidence principale à Lyon : c'est là qu'elle joue en 1653 l'*Andromède* de Corneille, pour laquelle d'Assoucy, une nouvelle connaissance de Molière, avait fait la musique. Fut-elle à Pézenas dans l'été de 1653, pendant la session des états de Languedoc? Ce n'est que possible : mais il est sûr qu'à l'automne Molière et ses camarades furent appelés à la Grange des Prés, maison de campagne du prince de Conti, aux portes de Pézenas. Après avoir eu à lutter contre la concurrence d'une troupe rivale, ils sont agréés du prince et reçoivent pension. Au commencement de 1654, ils sont à Montpellier, où se tiennent les états : ils y reparaissent à la fin de l'année, quand le prince ouvre une nouvelle session (7 décembre 1654-14 mars 1655); et pendant les fêtes que donne la princesse, Molière figure dans le ballet des Incompatibles.

Après la clôture des états, la troupe fait un assez long séjour à Lyon; c'est là, en 1655 (plutôt qu'en 1653), que Molière donne sa première comédie. Jusque-là il avait composé des farces, où la tradition de la farce française se combine avec l'esprit de la *Commedia del arte*, autant qu'on en peut juger par les titres : ce sont *le Docteur amoureux*; *les Trois docteurs rivaux*; *le Docteur pédant* [1]; *Gorgibus dans le sac* (voir *les Fourberies de Scapin*), *le Fagoteux* (ou *le Fagotier* (voir *le Médecin malgré lui*); *la Jalousie du Barbouillé* (germe de *George Dandin*); *le Médecin volant*. De ces deux dernières farces on possède des rédactions qui paraissent être assez anciennes et qui peuvent se rapprocher de ce que jouait Molière. Mais cette fois, à Lyon, il aborde la comédie littéraire, la grande comédie en cinq actes, en vers : il emprunte à *l'Inavvertito* de Nicolas Barbieri, dit Beltrame, le sujet et les principaux effets de *l'Étourdi*. Il prend pour la première fois à notre connaissance son masque de Mascarille.

De Lyon, la troupe se rendit à Avignon, et fut rappelée à Pézenas par le prince de Conti pour jouer pendant les états qui s'ouvrirent le 4 novembre 1655. Une légende

1. Je conjecture que *le Maître d'école*, *Gros-René écolier*, *Gros-René petit enfant* ne font qu'une seule et même farce avec *le Docteur pédant*; comparer le titre de farce italienne : *Scaramouche pédant et Arlequin écolier*.

fameuse nous conte que Molière se rendait souvent chez le perruquier Gely, pour entendre les conversations des allants et venants, observer les mœurs et l'expression des caractères; et l'on montre encore le fauteuil où il s'asseyait. Il y a cela de vrai dans la légende que la province fut certainement le champ d'expériences où Molière recueillit sa riche information sur l'humanité, acquit cette incomparable sûreté dans l'expression des caractères et le choix des signes qui les découvrent.

De Pézenas, Molière va jouer à Narbonne, où on lui accorde la grande salle de la maison consulaire, puis à Béziers, où il est appelé pour les états qui se tiennent du 17 novembre 1656 au 1er juin 1657. C'est là qu'il fait jouer *le Dépit amoureux*, encore une comédie littéraire en cinq actes en vers, prise de l'italien (*l'Interese* de Nicolas Secchi) ; mais il y introduit en les versifiant deux ou trois scènes de farce de sa façon, les scènes de dépit et de raccommodement, qui seront la partie immortelle de l'œuvre. Retournée à Lyon, la troupe reçoit défense de se recommander du nom du prince de Conti, qui tourne à la dévotion ; mais à Dijon où elle va, elle retrouve son ancien protecteur le duc d'Épernon, devenu gouverneur de Bourgogne. Probablement à Pézenas à l'automne de 1657, la troupe passe ensuite à Avignon, puis au carnaval de 1658 à Grenoble. De là, renonçant au Midi, elle se rend à Rouen, où elle contribua peut-être à renflammer le grand Corneille pour la poésie dramatique : du moins les deux Corneille font-ils des vers galants et même passionnés pour une des comédiennes, Mlle du Parc, la *Marquise*, à qui l'aîné des deux frères adresse des stances charmantes, d'un accent si original.

Enfin la troupe se risque à tenter un nouvel établissement à Paris : Monsieur la prend sous sa protection et lui donne son nom ; et le 24 octobre 1658, Molière joue *Nicomède* dans la salle des gardes du vieux Louvre, devant le roi. Renouvelant la vieille tradition de l'Hôtel de Bourgogne, à peu près abandonnée à Paris, il termine le spectacle par *le*

Docteur amoureux. Le roi est satisfait et lui permet de s'établir à la salle du Petit-Bourbon. La nouvelle troupe, inférieure aux comédiens de l'Hôtel de Bourgogne et même à ceux du Marais dans le tragique, est bientôt jugée incomparable dans le comique. En même temps le succès de *l'Étourdi* et du *Dépit amoureux* est consacré par l'applaudissement du public parisien. Mais Molière ne tarde pas à se révéler, à donner la vraie note et la direction originale de son génie : il fait jouer le 18 novembre 1659 la farce des *Précieuses*, un acte en prose, qui le met sur la voie de la comédie de mœurs et de caractère. Le succès est éclatant et se soutient. Le 28 mars 1660, il donne *Sganarelle*, encore une farce en un acte : du côté de l'observation et de la signification morale, c'est inférieur aux *Précieuses*. Mais pourtant il y a des compensations à cette infériorité. Laissant le masque à demi italien de Mascarille, type étroit, qui ne peut s'élargir hors des rôles de valets que par un artifice scénique, Molière se compose alors le masque de Sganarelle, caractère bien français, tout à fait dans la vieille tradition populaire et conforme à la réalité des mœurs : il l'essaye ici, et cinq fois encore jusqu'en 1666 il le fera reparaître. De plus, à la prose des *Précieuses* il substitue ici le vers, assouplissant l'alexandrin aux effets les plus familiers et comiques. Il forge ainsi pièce par pièce ses instruments.

Mais il sait qu'on lui jette à la tête ses succès mêmes, qu'on l'appelle un farceur, qu'on ne veut voir de lui que Mascarille. Il n'est pas disposé à laisser disparaître Molière derrière Mascarille, comme Belleville avait disparu derrière Turlupin et Fléchelles derrière Gaulthier-Garguille. Il veut prouver qu'il peut écrire et jouer du sérieux, et il donne le 4 février 1661 la comédie en vers en cinq actes de *Dom Garcie de Navarre*, pièce tragi-comique, prise peut-être à quelque imitation italienne d'une comédie espagnole. La salle du Petit-Bourbon avait été démolie pour les travaux de construction du Louvre : mais le roi avait donné à Molière la salle construite jadis au Palais-Royal par le cardinal de Richelieu. *Dom Garcie* ne plut pas : il y avait pourtant de beaux couplets qui reparaîtront dans *le Misanthrope*, et s'y feront applaudir. Il revient alors à sa voie naturelle, et donne en 1661, le 24 juin, *l'École des Maris*, trois actes en vers, dont le succès est des plus brillants : l'idée de la pièce est prise aux *Adelphes* de Térence. Deux mois après, le 17 août, dans les jardins de Vaux, en présence du roi, sont donnés *les Fâcheux*, trois actes, en vers, amusante galerie d'originaux ridicules, pris directement sur la vie.

Le 26 décembre 1662 paraît *l'École des Femmes*, cinq actes en vers. La pièce intéresse la vie intime de l'auteur : le 20 février de la même année, il avait épousé Armande Béjart, fille de sa vieille camarade et amie Madeleine, plus jeune que lui de vingt ans. Quand on compare la conclusion de *l'École des Maris*, où un vieillard se fait par douceur aimer d'une jeune fille, à celle de *l'École des Femmes*, où la jeunesse va invinciblement à la jeunesse, on se demande si l'on n'a pas là l'image des sentiments de Molière, ses illusions avant le mariage, quand il croit se faire aimer, ses désillusions après, quand il désespère de racheter jamais auprès de sa femme la différence des âges et de l'humeur. Il est certain qu'il souffrira cruellement par la coquette et brillante comédienne qu'il a associée à sa mélancolie, à sa vie sérieuse, occupée et maladive. Et à qui doit-il s'en prendre, qu'à lui-même ?

L'École des Femmes est le plus grand triomphe de Molière dans sa carrière d'auteur et d'acteur. Il y avait mêlé les traditions italienne et française, Boccace et Scarron, avec quelque chose de ce vieux fonds populaire qu'on appelle gaulois. Boileau applaudit au chef-d'œuvre dans des *stances* qu'il envoie à Molière le 1er janvier 1663. Mais le succès irrite les jaloux, les rivaux, critiques, poètes et comédiens; De Visé l'attaque dans ses *Nouvelles nouvelles*; aux méchants propos, l'auteur répond par la *Critique de l'École des Femmes*, un acte en prose (1er juin). De Visé riposte par une comédie de *Zélinde* qu'il fait imprimer, et Boursault fait jouer le *Portrait de peintre* à l'Hôtel de Bourgogne. Sur l'invitation du roi, Molière oppose à ses ennemis *l'Impromptu de Versailles*, un acte en prose (octobre 1663), où, démasquant la jalousie des grands comédiens, ses concurrents, il parodie leur jeu et manifeste son goût pour le jeu naturel et simple. Jacob de Montfleury, fils de comédien, répond par *l'Impromptu de l'hôtel de Condé*, où il raille la médiocrité de Molière dans le tragique; et de Visé, aidé peut-être du comédien de Villiers, fait *la Vengeance des Marquis*, tentative impuissante pour exciter les ressentiments des courtisans dont Molière tournait les airs en ridicule. Dans cette chaude lutte, Louis XIV a le bon goût de se ranger du côté du génie. Il donne à Molière une pension de mille livres, pour laquelle celui-ci écrit un spirituel *Remerciement en vers*; et quand Montfleury le père lui adresse une requête pleine des plus outrageantes et venimeuses imputations, il y répond en se faisant le parrain d'un fils du poète (février 1664).

Le 29 février 1664 avait été représenté au Louvre *le Mariage forcé*, comédie-ballet, un acte en prose, où l'on trouve quelques ressouvènirs de la comédie française et italienne antérieure. Molière devient nécessaire aux divertissements du grand roi. Il prend la même année une part importante dans les fêtes qu'on appelle *les Plaisirs de l'île enchantée* (3-13 mai); le 8 mai, il fait jouer sa comédie de *la Princesse d'Élide*, le premier acte en vers, les quatre autres en prose, avec intermèdes et ballet : comédie faite pour la cour, dans le genre galant, sans profondeur ni portée morale, mais intéressante par quelques traits d'esprit et de sentiment qui nous découvrent un peu l'homme dans l'auteur. L'avant-dernier jour des fêtes, trois actes du *Tartuffe* sont représentés. La clameur est grande, surtout dans l'entourage de la reine mère. Le roi, qui n'est pas dévot, cède pourtant, et, avec bienveillance, défend à l'auteur de jouer sa pièce. Molière ne se résigne pas : en août 1664, à Fontainebleau, il lit la comédie condamnée au légat du pape, le cardinal Chigi. Il réclame dans un placet au roi contre les attaques furieuses du curé de Saint-Barthélemy, Pierre Roullé. Il va lire *Tartuffe* chez l'académicien Habert de Montmort, chez Ninon de Lenclos. Il va même représenter les trois premiers actes à Villers-Cotterets, chez le duc d'Orléans, et bientôt il donnera la pièce entière chez la princesse Palatine (29 nov. 1664 et 8 nov. 1665).

Mais il ne se laisse pas absorber par cette affaire. Exploitant un sujet espagnol, qui avait eu un grand succès en Italie et en France dans diverses adaptations, il joue son *Dom Juan ou le Festin de Pierre*, cinq actes en prose (15 février 1665), donnant au libertin de la légende sévillane un caractère bien français et contemporain; il saisit l'occasion de porter un coup vigoureux à la cabale qui exclut *Tartuffe* de la scène, par la tirade sur l'hypocrisie qu'il amène au cinquième acte de sa comédie. Un janséniste qui signe le sieur de Rochemont, peut-être Barbier d'Aucour, dénonce l'irréligion et l'immoralité de *Dom Juan*, qui probablement est retiré du théâtre par ordre. Cependant le roi, moins dévot que jamais, marque ses faveurs au poète : il lui donne six mille livres de pension, et demande à Monsieur de lui céder sa troupe, qui désormais s'appellera *troupe royale*. Le 14 ou le 15 septembre 1665, *l'Amour médecin*, comédie-ballet, trois actes, en prose, est représenté à Versailles : cette petite pièce, où l'on signale quelques réminiscences de Tirso de Molina et de Cyrano de Bergerac, est surtout remarquable par la vivacité des attaques contre les médecins et leur art. Molière y met en scène, reconnaissables à leurs tics et habitudes, cinq médecins connus de la ville et de la cour.

Vient alors *le Misanthrope* (4 janvier 1666), cinq actes en vers : l'œuvre peut-être la plus personnelle et parfaite de Molière, où il a mis le plus de son cœur et de son jugement intime sur la vie. Il y reprenait les plus beaux passages de *Dom Garcie*, qu'il mettait en valeur par la conception des caractères d'Alceste et de Célimène. Sans chercher à identifier Molière et sa femme avec les deux personnages de la comédie, il est certain que notre comédien-poète souffrait profondément du désaccord conjugal, qu'il ne pouvait ni se détacher d'Armande, ni se résigner à sa froideur et à ses légèretés. La vie de Grimarest et le pamphlet de *la Fameuse Comédienne* (dirigé plus tard contre la veuve de Molière) sont d'accord dans la peinture qu'ils nous font de sa vie domestique et de ses tourments.

Le Misanthrope, trop haut pour le public, n'eut qu'un succès sans éclat. Pour soutenir la pièce, il l'accompagna du *Médecin malgré lui* (6 août 1666), trois actes en prose, où il avait sans doute repris sa farce du *Fagoteux* : c'est le sujet du vieux fabliau du *Vilain Mire*, compliqué de ressouvenirs d'une farce jouée et analysée par Rabelais. Sganarelle y paraît pour la dernière fois : à partir de ce moment Molière renonce aux masques, aux noms qui définissent un caractère fixe. Dans les fêtes du *Ballet des Muses* (2 déc. 1666, 16 février 1667), à Saint-Germain, Molière fait jouer *Mélicerte*, comédie pastorale héroïque, deux actes en vers (le temps a manqué pour faire le troisième), où l'on trouve quelques scènes délicates de sentiment, de tendresse paternelle et filiale, puis la *Pastorale comique*, et (sans doute le 14 février) *le Sicilien ou l'Amour peintre*, comédie en un acte, en prose.

Cependant *Tartuffe* attend toujours. Molière rhabille la pièce pour la faire passer, ôte à Tartuffe le petit collet, en fait un homme du monde, un laïc, l'appelle *Panulphe*; et, profitant d'un semblant d'assentiment du roi, la reine mère d'ailleurs étant morte, il risque la comédie sous le titre de *l'Imposteur* (5 août 1667) : mais le premier président de Lamoignon l'interdit après la première représentation. Aussitôt Molière dépêche vers le roi, qui est en Flandre, au camp, deux de ses comédiens porteurs du second placet : il n'obtient que des paroles. L'archevêque de Paris Hardouin de Péréfixe défend de représenter, d'entendre, de lire la pièce sous peine d'excommunication. Découragé, malade, Molière ferme son théâtre pendant six semaines. Il se reprend pourtant, et le 13 janvier 1668 donne sa comédie d'*Amphitryon*, trois actes, en vers libres, délicieuse et originale imitation de Plaute. Il a repris toute son activité. Le 4 mars, il joue *Tartuffe* à Chantilly, pour M. le Prince, qui redemandera la pièce le 20 septembre. En juillet, le 15 sans doute, *George Dandin* parait dans une fête de Versailles : c'est *la Jalousie du Barbouillé*, une farce de sa jeunesse qu'il reprend et développe : le sujet venait du Moyen âge, et c'est sans doute dans Boccace que Molière l'avait pris, non sans y mêler quelques souvenirs de farces françaises. Le 9 septembre, sur le théâtre du Palais-Royal, est représenté *l'Avare*, une grande comédie en cinq actes, mais en prose, forme qui étonne un peu le public, et qu'explique sans doute la riche production de Molière pendant cette année, au milieu de tant de tracas et d'affaires : il a écrit en prose, n'ayant pas le temps d'écrire en vers. Il n'y a pas là sans doute d'autre mystère. *L'Avare* est pris de Plaute, avec quelques souvenirs de l'imitation qu'en avait faite Larrivey (c'est-à-dire l'original italien que Larrivey traduit) : avec Plaute et Larrivey, Molière mêle une situation prise à *la Belle Plaideuse* de Boisrobert.

Enfin le roi donne l'autorisation tant réclamée : Panulphe disparaît, et *Tartuffe*, non pas tel qu'il était d'abord, mais enfin sous son nom déjà illustre et inoubliable, est représenté le 5 février 1669, avec un grand succès. Des souvenirs assez nombreux de l'Arétin, de Régnier, de Sorel, de Scarron, de Solorzano n'ôtent rien à l'originalité vigoureuse de la conception. S'ajoutant à *l'École des Femmes* et au *Dom Juan*, *le Tartuffe* met bien en lumière l'éloignement de Molière pour le christianisme : plus il s'efforce de distinguer la vraie dévotion, plus il prouve qu'il l'ignore, et réduit la religion à la morale de la raison.

Le 6 octobre 1669, dans les divertissements de Chambord, Molière donne *M. de Pourceaugnac*, trois actes, en prose, où l'on peut signaler quelques réminiscences de Plaute et des Italiens : mais la pièce est faite surtout avec des souvenirs de la vie provinciale, et sous l'impression des livres de médecine feuilletés récemment par le poète malade. Puis ce sont, le 4 février 1670, à Saint-Germain, dans *le Divertissement royal*, *les Amants magnifiques*, comédie galante et noble, assez froide, sacrifice au goût de la cour; puis à Chambord, le 13 octobre, la comédie-ballet du *Bourgeois gentilhomme*, trois actes en prose : Lulli fit la musique et joua le personnage du Mufti. Quelques traits rappellent un chapitre de *Don Quichotte*, un livre de *Francion*, et *la Sœur*, comédie de Rotrou. Le roi imposa la pièce aux courtisans, qui, dit-on, faisaient les dégoûtés devant ces ridicules bourgeois et cette bouffonnerie effrénée. Mais il obligea aussitôt Molière de travailler dans le noble en lui désignant le sujet de *Psyché*. Molière dresse le plan et écrit le premier acte, avec la première scène du second. Comme le temps presse et qu'il ne peut achever, Corneille, avec qui, depuis les nuages de l'an 1664, il s'était réconcilié, dont il avait joué, et bien payé, l'*Attila*, le *Tite et Bérénice*, Corneille voulut bien écrire les vers; Quinault fit les intermèdes. La première représentation de la *tragédie-ballet* de *Psyché* eut lieu le 14 janvier 1671, dans la salle des Tuileries.

Les Fourberies de Scapin, trois actes en prose, paraissent sur le théâtre du Palais-Royal le 24 mai 1671 : le *Phormion* de Térence en avait fourni l'idée. Molière y mêle une scène de *la Sœur* de Rotrou, deux scènes du *Pédant joué* de Cyrano de Bergerac, sans parler du fameux sac de Tabarin. Le 2 décembre 1671, à Saint-Germain, liant les parties du *Ballet des ballets*, se présente *la Comtesse d'Escarbagnas* (quelques scènes de prose), simple et vive esquisse de mœurs provinciales, faite d'après nature.

Mais le 11 mars 1672, au Palais-Royal, Molière fait jouer un de ses chefs-d'œuvre les plus considérables, *les Femmes savantes*, où il reprend la lutte jadis entamée dans *les Précieuses* : c'est le bel esprit philosophique et savant, le pédantisme de la fin du siècle et du siècle suivant, qu'il annonce avec clairvoyance. Chappuzeau, Furetière, Desmarets de Saint-Sorlin lui ont fourni quelques idées accessoires : tout le principal vient de l'observation directe de la vie. Malgré la harangue qu'il avait faite l'avant-veille de la première représentation pour détourner le public de chercher des personnalités dans sa nouvelle pièce, il introduit Cotin sous le nom de Trissotin, et peut-être, sans qu'on puisse l'affirmer, Ménage sous le nom de Vadius. Mais ces personnalités n'affaiblissent pas la portée générale de l'œuvre, et nulle part peut-être la conception morale de Molière, son idéal bourgeois et raisonnable n'apparaissent plus clairement.

Enfin vient *le Malade imaginaire* (10 février 1673), comédie mêlée de musique et de danses, trois actes en prose, où Molière a pris peut-être une idée à Thomas Corneille, une autre, dans un intermède, à Giordano Bruno. La pièce était faite pour la cour : peut-être par l'influence de Lulli, avec qui Molière s'était brouillé, elle n'y fut pas représentée; le crédit du poète diminuait, et le roi avait besoin de Lulli. *Le Malade imaginaire* est la plus forte attaque que Molière ait dirigée contre la médecine : il était fort malade et raillait, non sans amertume, ceux qui ne pouvaient le guérir. Il s'obstina malgré son état à jouer. Trop de gens dépendaient de lui et du théâtre, il ne voulait pas leur ôter leur pain, en se reposant, et leur imposer le chômage. A la troisième représentation, pendant la cérémonie, il fut pris d'une convulsion. Après la cérémonie il se fit porter chez lui, rue de Richelieu et se mit au lit. Bientôt il fut pris d'un accès violent de toux. « Dans les grands efforts qu'il fit pour cracher, il se rompit une veine dans le corps, et ne vécut pas demi-heure ou trois quarts d'heure depuis ladite veine rompue. » [1] Deux sœurs de charité venues de province, auxquelles il donnait l'hospitalité chez lui, l'assistèrent et reçurent son dernier soupir (17 février).

1. Registre de La Grange.

Molière comédien, mort sans communion, non réconcilié avec l'Église, ne pouvait être enterré en terre sainte. Le curé de Saint-Eustache refusa la sépulture. La veuve alla se jeter aux pieds du roi. Grâce sans doute au roi, l'archevêque autorisa l'inhumation, mais « hors des heures de jour et sans service solennel ». Molière fut donc porté au cimetière Saint-Joseph le mardi 21 février 1673, « sans autre pompe, a dit un témoin contemporain, que de trois ecclésiastiques » ; la bière « de bois, couverte du poêle des tapissiers », était portée par quatre prêtres, « six enfants bleus portant six cierges dans six chandeliers, plusieurs laquais portant des flambeaux de cire blanche allumés ». Les pauvres suivaient, en grand nombre, « à qui l'on fit distribution de mil à douze cens livres,... à chacun cinq sols ».

La troupe, privée de son chef, faillit se disperser. Le roi reprit la salle du Palais-Royal pour la donner à Lulli. Les comédiens se transportèrent au jeu de paume de la rue des Fossés-de-Nesle, en face de la rue Guénégaud ; ils s'adjoignirent les meilleurs comédiens de la troupe du Marais, qui reçut défense de jouer, et conservèrent le nom de *Troupe du Roi*. Ils recommencèrent à jouer le 9 juillet. Il ne restait donc en présence que l'Hôtel de Bourgogne et l'Hôtel Guénégaud : le 18 août 1680 un acte du roi réunit les deux troupes, et la Comédie-Française fut constituée.

La vie de Molière ne consiste guère que dans l'histoire de ses œuvres ; hors de là, on ne possède sur l'homme que peu de renseignements. Dès qu'ils paraissent abondants et détaillés, on s'aperçoit qu'ils sont suspects. On a fort peu de poésies diverses, qui n'ont pas un caractère d'intimité, pas une lettre, sauf un court billet à la suite d'un sonnet.

Cette vie fut une vie de travail, d'activité à la fois régulière et fiévreuse. Acteur et jouant dans le comique et le tragique, ayant des rôles à apprendre, directeur de troupe (et « ce sont d'étranges animaux à conduire que des comédiens »), pensionnaire du roi, qui l'employait à ses divertissements, le mandait au Louvre, à Versailles, à Fontainebleau, à Saint-Germain, à Chambord (et c'étaient des voyages longs, beaucoup de travail, une grande perte de temps), valet de chambre du roi, et ayant un service par quartier à faire, Molière a trouvé le temps d'écrire de 1659 à 1673, en quatorze ans, parmi tant de tracas et d'affaires, vingt-neuf ouvrages, dont beaucoup en vers et en cinq actes. Le théâtre n'a pas été certes pour lui un moyen de se soustraire à la vie de travail des professions régulières.

Il était devenu fort riche; l'inventaire fait après son décès, et que M. Soulié a publié, nous fait pénétrer dans un intérieur de bourgeois cossu : dans la cuisine la grande table de bois de chêne de sept pieds de long, les batteries de cuivre jaune et rouge, les pots d'étain en grand nombre; dans les chambres, les grandes armoires de bois de chêne et de noyer, les bahuts et les cabinets en *racine de noyer*, les douze *fauteuils en bois de thuya à piliers tors, à mufle de lion*, garnis de *housses de serge verte*, les six fauteuils à *figures de sphinx entièrement dorées*, garnis de coussins et dossiers de *satin à fleurs* sur fond *violet*, toute sorte d'autres sièges de toute forme, le lit à hauts piliers, un autre lit à *pieds d'aiglon*, avec dossier *peint en doré*, son *dôme à fond d'azur avec quatre aigles de relief de bois doré*, toute sa garniture de *taffetas aurore et vert*, et ses quatre rideaux de *brocart à fleurs et fond violet*, le coffre-fort de bois de chêne garni de fer par devant, de trois serrures et de deux cadenas, le tapis de Turquie, les tapisseries de Flandre et d'Auvergne, la bibliothèque avec ses *quarante volumes de comédie française*, *espagnole*, *italienne*, le linge abondant et fin, les *soixante-huit pièces de porcelaine d'Hollande*, la vaisselle d'argent, valant au poids plus de six mille livres, tout cela nous représente plus que l'aisance, une richesse considérable. Outre l'appartement de la rue Richelieu où il vivait et où étaient tous ces meubles, Molière avait loué vers le milieu de 1667 un appartement au village d'Auteuil, où il allait se reposer : il y avait son ami Cha pelle pour voisin; Bernier, Boileau, La Fontaine, le chevalier de Nantouillet l'y visitaient.

Mais on voudrait pénétrer un peu plus dans l'intimité du poète. Quel homme était-ce? de quelle humeur? de quel caractère? quel fils, quel père fut-il? Ne peut-on l'entrevoir au moins? Il ne paraît pas y avoir eu des relations fort familières et affectueuses entre Jean Poquelin et son fils : mais on ignore sur qui la faute en doit retomber. Il semble bien que le fils ait fait ce qu'il a pu : il a abandonné à son père un reliquat de sa part de la succession maternelle; en 1668, il se sert de son ami Rohault comme prête-nom, pour avancer à Jean Poquelin dix mille francs, destinés à la reconstruction de sa maison des piliers des halles, sans jamais rien réclamer des intérêts stipulés. Cet emploi d'un prête-nom, puisqu'il n'avait pas pour objet de rendre l'affaire lucrative, semble indiquer des rapports tendus entre le père et le fils. Il faut bien croire à la morosité du vieillard, qui peut-être avait peine à pardonner à son fils sa fortune faite dans une profession embrassée malgré lui.

Dans sa famille, Molière fut malheureux; il eut trois enfants : Louis, le filleul du roi, né en 1664; Esprit-Madeleine, née en 1665, et Pierre-Jean-Baptiste-Armand, né en 1672. Il mit sa fille à sa maison d'Auteuil, et l'y élevait loin du théâtre, et peut-être de sa mère. Après la mort de sa mère, elle vécut longtemps pensionnaire dans un couvent, se maria sur le tard avec un veuf, et mourut sans enfants. Les deux fils moururent tout jeunes. De quelle sensibilité Molière vit ces enfants dans sa maison, les vit grandir et mourir, on le devine par l'accent de don Louis dans *Dom Juan*, de Lycarsis dans *Mélicerte*, et surtout par l'admirable scène du second acte de *Psyché*, une des plus tendres, des plus profondément humaines qui soient dans aucun théâtre.

Avec sa femme, dans ces relations troublées et douloureuses, Molière nous laisse apercevoir la même richesse de sensibilité, toujours vive et saignante. Le pamphlet de *la*

Fameuse Comédienne et Grimarest sont ici bien d'accord. « Je suis le plus malheureux de tous les hommes, » lui fait dire Grimarest. Et l'auteur du pamphlet : « Mes bontés ne l'ont point changée.... Mais si vous saviez ce que je souffre, vous auriez pitié de moi. Ma passion est encore dans un tel point qu'elle va jusqu'à entrer avec compassion dans ses intérêts. Et quand je considère combien il m'est impossible de vaincre ce que je sens pour elle, je me dis en même temps qu'elle a peut-être une même difficulté à détruire le penchant qu'elle a d'être coquette, et je me trouve plus de disposition à la plaindre qu'à la blâmer. »

Tous les témoignages, tous les indices qu'on peut recueillir, nous découvrent en Molière un fond de bonté, d'humanité, d'affection, qui se tourne aisément en actes de libéralité, de désintéressement, de service officieux et dévoué. Il a bien aimé ses amis, Boileau, Chapelle, Rohault le physicien, Le Vayer le philosophe.

L'indulgence semble avoir été le fond de sa nature, et le principe de sa philosophie. Il demandait peu à la faible humanité, et il lui pardonnait beaucoup.

Souvent malade et souffrant, il avait l'humeur grave, réfléchie : ce grand rieur riait peu. Il regardait beaucoup, et sa contemplation était sérieuse autant que pénétrante. Si le fauteuil de Pézenas n'est peut-être pas bien authentique, un ennemi, en voulant le décrier, nous donne une esquisse vivante de l'observateur sérieux qu'il était : « Je l'ai trouvé, dit quelqu'un dans *Zélinde*, appuyé sur une boutique (de la rue Saint-Denis), dans la posture d'un homme qui rêve. Il tenait les yeux collés sur trois ou quatre personnes de qualité qui marchandaient des dentelles; il paraissait attentif à leurs discours, et il semblait par le mouvement de ses yeux qu'il regardait jusqu'au fond de leurs âmes pour y voir ce qu'elles ne disaient pas. » Que la haine est parfois maladroite! on ne louerait pas mieux Molière.

Disposé par son tempérament à souffrir de la vie, il n'avait pas pourtant de désespoir mélancolique, ni aucune sorte de pessimisme. Il acceptait la vie; il ne demandait qu'à en jouir, et il conseillait d'en jouir. A l'heure où le mal était sans compensation, c'était le temps de partir. « Tant que ma vie a été mêlée également de douleur et de plaisir, lui fait dire Grimarest avec assez de vraisemblance, je me suis cru heureux; mais aujourd'hui que je suis accablé de peines sans pouvoir compter sur aucuns moments de satisfaction et de douceur, je vois bien qu'il me faut quitter la partie. »

Il n'a pas senti le besoin du christianisme. La philosophie naturelle lui a suffi. Il n'a point eu de système, à proprement parler, mais une certaine tendance invincible à suivre la nature en la soumettant à la raison, à prendre le respect du vrai pour le fondement de la vie morale, l'amour du vrai pour la vertu essentielle, et la plus difficile. Construire la vie, et, s'il se pouvait, la société, sur l'idée du vrai, voilà l'esprit de Molière, ce qui le fait bien moderne, et par où il reste notre contemporain.

Dans une société où sous les brillants dehors bien des misères morales se cachaient, les comédiens avaient des mœurs particulièrement mauvaises. La vie de théâtre était fort irrégulière et licencieuse; et parmi ce monde les Béjart se distinguaient par une rare légèreté de scrupules. Dans ce milieu, avec ces fréquentations, la vie de Molière a eu ses fautes, ses chutes, certaine facilité surtout à accepter des situations dont une délicatesse moyenne s'effaroucherait aujourd'hui : il est vrai que dans tous les mondes alors on avait de singulières largeurs de conscience sur certains articles. Mais toutes les ombres mises au portrait, il reste, pour ce temps et pour ce monde, une figure d'honnête homme, et surtout d'homme bon, sensible, humain, pitoyable et doux à l'humaine faiblesse, sévère seulement aux vices bas, à la cupidité, à l'envie, au mensonge, à l'hypocrisie, franc et loyal autant qu'affectueux et tendre : un homme dont on n'ignore pas les erreurs, et qu'on ne peut pas s'empêcher d'aimer, de plaindre, et d'estimer.

Et cet homme est un maître excellent. Il connait la vie, et ses devoirs, et le devoir suprême de vérité, de sincérité. Guéri du romanesque par son aventureuse carrière, et son expérience de la vie irrégulière, il nous propose l'idéal le plus bourgeois de vie paisible, d'affections domestiques : un idéal à ne pas désespérer notre médiocrité, suffisant pourtant pour l'élever au-dessus d'elle-même, et la purifier. Il y a de plus hautes morales : il n'y en a pas de plus pratique, et qui laisse davantage notre impénitence sans excuses.

NOTE BIBLIOGRAPHIQUE

Bibliographie générale des œuvres de Molière, ainsi que des ouvrages relatifs à Molière, par Desfeuilles, t. XI de l'édition Eug. Despois et Paul Mesnard.

Éditions.

Les œuvres de M. de Molière, Barbin, 1673, 7 vol. in-12.

Œuvres complètes, Denys, Thierry et Barbin, 1682, 8 vol. in-12 : c'est l'édition Lagrange et Vivot [1].

Œuvres complètes, édition de la collection des Grands Écrivains, par Eug. Despois, P. Mesnard et Desfeuilles, 1873-1900, 13 vol. in-8, avec lexique.

Théâtre choisi de Molière, publié par E. Thirion, Hachette, in-16.

Ouvrages relatifs à Molière.

1° SUR SA VIE

Registre de La Grange, 1658-1685, publ. par Ed. Thierry, 1876, in-4.

La Fameuse Comédienne ou histoire de la Guérin, aupara-

1. Vivot, et non Vinot, comme on a longtemps imprimé.

vant femme et veuve de Molière, Francfort, 1688 (réimpr. en 1868, 1870 et 1876).

Grimarest, *la Vie de Molière*, Paris, 1705, in-12. — *Addition à la vie de Molière*, Paris, 1706, in-12.

Eud. Soulié, *Recherches sur Molière*, Paris, 1863, in-8.

Loiseleur, *Points obscurs de la vie de Molière*, 1877, in-8 (cf. Brunetière, *Études critiques*, t. I). — *Molière, nouvelles controverses sur sa vie et sa famille*, Orléans, 1886, in-18.

Le Moliériste, revue dirigée par G. Monval, avril 1879-mars 1889, 10 vol. in-8.

G. Larroumet, *la Comédie de Molière, l'auteur et le milieu*, Hachette, 1886, in-16; 2e éd. 1887.

P. Mesnard, *Notice biographique* (éd. Hachette, t. X), in-8, 1889.

2° DOCUMENTS CONTEMPORAINS. JUGEMENTS ET SATIRES

Dassoucy, *Poésies et lettres*, 1653.

Mlle Desjardins, *Récit de la farce des Précieuses*, 1660.

Somaize, *Dictionnaire des Précieuses*, 1660; édit. Livet (Bib. Elzév.), 2 vol.

De Visé, *Nouvelles nouvelles*, 3 vol. in-12, Paris, 1663 (au t. III).

De Visé, *Zélinde ou la véritable critique de l'École des Femmes et la critique de la critique*, G. de Luynes, 1663, in-12.

Boursault, *Portrait du Peintre, ou la Contre-critique de l'École des Femmes*, comédie. Ch. de Sercy 1663, in-12.

Robinet, *Panégyrique de l'École des Femmes*, dial. en prose, 1663.

Ant. Jacob de Montfleury, *l'Impromptu de l'hôtel de Condé*, 1664, in-12.

De Visé (et de Villiers), *la Vengeance des Marquis, ou Réponse à l'Impromptu de Versailles*, Barbin, 1664 [1].

1. Cette pièce et les précédentes avec celle de Boursault ont été imprimées dans le recueil de Fournel, *les Contemporains de Molière*, F. Didot, 3 vol. in-8, 1863.

Le sieur de Rochemont, *Observations sur une comédie de Molière intitulée le Festin de Pierre*, 1665, in-12.

De Visé, *Lettre écrite sur la comédie du Misanthrope*, 1667.

Lettre sur la comédie de l'Imposteur, 1667, in-12.

La Fontaine, *Psyché*, 1669.

Le Boulanger de Chalussay, *Élomire hypocondre*, comédie en 5 actes, 1670 (réimpr. en 1898).

Boileau, *Art poétique*, chant III, 1674.

— Épître VII, 1677.

Chapelain, *Lettres*, t. II, p. 225 et 320.

Bussy Rabutin, *Correspondance*, t. II, p. 155, 225 et 241. Lettres de 1672 et 1673.

La Bruyère, *Caractères*, chap. I.

Saint-Évremond, *Œuvres*, éd. d'Amsterdam, 5 vol. in-12, 1706; t. II, p. 283 et 354; t. V, p. 171 et 180.

Bossuet, *Maximes et Réflexions sur la Comédie*, 1694.

3° ÉTUDES HISTORIQUES, CRITIQUES ET PHILOSOPHIQUES SUR SES ŒUVRES

Vauvenargues, *Réflexions critiques sur quelques poètes*, éd. Gilbert, 1857, t. I, p. 237-238.

Voltaire, *Vie de Molière et Commentaires*, 1764.

L. Moland, *Molière et la Comédie italienne*, 1867, in-8.

Jeannel, *la Morale de Molière*, 1867, in-8.

E. Despois, *le Théâtre sous Louis XIV*, 1874, in-16.

L. Veuillot, *Molière et Bourdaloue*, 1877, in-18.

Ed. Scherer, *Une hérésie littéraire* (la langue de Molière), dans le *Temps* du 19 mars 1882.

F. Brunetière, *la Philosophie de Molière*, 1890 (*Études critiques*, t. IV). — *Époques du Théâtre français*, 1892, in-18. — *La langue de Molière* (*Revue des Deux Mondes*, 15 déc. 1898).

J. Lemaître, *Impressions de théâtre*, t. I, III, IV, VI, VIII.

E. Roy, *la Vie et les œuvres de Ch. Sorel*, 1891, in-8.

V. Fournel, *le Théâtre au XVIII*e *siècle; la Comédie*, 1892, in-12.

M. Souriau, *l'Évolution du vers français au XVIIe siècle*, 1893, in-8.

Ch. Comte, *les Stances libres dans Molière*, Versailles, 1893, in-8, broch.

Ch. Livet, *Lexique de la langue de Molière*, Imp. nationale, libr. Welter, 3 vol. gr. in-8, 1896-1897.

J.-J. Weiss, *Molière* (Conférences de 1866), Calmann Lévy, in-18, 1900.

NOTICE

SUR LES PRÉCIEUSES RIDICULES

Le mardi 18 novembre 1659, la troupe qui jouait au théâtre du Petit-Bourbon, et dont Molière était le chef, représenta *Cinna*. Selon l'ancien usage, qu'il avait conservé dans ses années de province, et ramené à Paris, Molière faisait suivre la grande pièce, tragédie ou comédie, d'une farce : ce mardi-là, après *Cinna*, il donna une farce nouvelle, *les Précieuses ridicules*, qu'il venait de composer. On a supposé légèrement que cette petite pièce avait été jouée en province : l'assertion de Grimarest ne saurait balancer l'affirmation de La Grange et Vivot qui écrivent dans leur édition de 1682 : « En 1659, M. de Molière *fit* la comédie des *Précieuses.* »

Mais si la pièce était nouvelle, elle n'avait pas, semble-t-il, dans l'esprit de Molière l'importance qu'elle prit par son succès. Il n'imaginait pas sans doute qu'une simple farce, quelle qu'en fût la gaîté, pût être un ouvrage considérable, et comme un événement dans l'histoire du théâtre. Toujours est-il qu'il ne songea pas à faire pour cette nouveauté ce qu'on avait coutume de faire, à doubler le prix des places pour la première représentation : le prix fut « à l'ordinaire, 15 sous au parterre, et la recette fut de

533 francs[1] ». Mais, à la seconde, le mardi 2 décembre, averti par le succès, Molière doubla le tarif des places : *Alcyonée*[2] et *les Précieuses*, le prix étant « à l'extraordinaire, 30 sous au parterre », firent 1400 francs de recette. La vogue de la comédie se soutint pendant un an ; du 10 novembre 1659 au lundi 11 octobre, où eut lieu la clôture du théâtre pour la démolition de la salle du Petit-Bourbon, *les Précieuses* furent jouées quarante-quatre fois. En outre, les comédiens furent appelés plusieurs fois en visite pour jouer cette plaisante pièce : en février 1660, chez M. de Guénégaud et chez M. Le Tellier ; en mars, chez Mme Sanguin « pour Monsieur le Prince » ; puis chez le chevalier de Grammont et chez la maréchale de l'Hôpital ; en mai, chez M. d'Andilly. La cour était absente : quand elle fut rentrée, le roi voulut voir *les Précieuses*, qui furent données devant lui le 26 juillet 1660, au bois de Vincennes ; le 30 août, au Louvre, pour Monsieur ; le 21 octobre, au Louvre, pour le roi ; et le 26 octobre, devant le roi, « chez son éminence M. le cardinal Mazarin, qui était malade dans sa chaise ».

Molière faisait Mascarille : c'était le masque qu'il avait adopté, à l'imitation des comédiens italiens, et selon la pratique des farceurs français du temps, qui avaient emprunté ce trait caractéristique de la *commedia dell'arte*[3]. Il s'était

1. Registre de La Grange.
2. Tragi-comédie de Du Ryer.
3. Ce n'est pas le lieu d'en fournir la démonstration. Qu'il me suffise de faire remarquer que si les acteurs fameux de l'Hôtel de Bourgogne, Turlupin, Gaulthier-Garguille, Gros-Guillaume, s'offrent à nous, outre leur vrai nom de famille, avec deux noms de théâtre, c'est que l'un de ces noms, le nom de farce, désigne un caractère, un *masque*, la condition sociale et surtout la physionomie morale avec lesquelles ils se présentent toujours dans leurs farces. Aussi gardent-ils ce nom dans toutes les farces qu'ils jouent ; et même quand la comédie les emploie, elle le leur conserve : Guillaume, dans *les Vendanges de Suresnes* de Du Ryer, et de même Jodelet dans tant de pièces avant *les Précieuses* ; Gros-René, dans ces farces dont on n'a que le titre, *Gros-René écolier*, *Gros-René petit enfant*, dans *le Médecin volant*, dans *le Dépit amoureux*, et dans *Sganarelle*.

formé un caractère de valet analogue au Scapin italien, un fourbe joyeux et triomphant, et l'avait nommé Mascarille, de l'espagnol *mascarilla* (diminutif de *mascara*, masque), ou peut-être du provençal *mascarilha*, que la langue populaire appliquait métaphoriquement aux personnes importunes ou fâcheuses [1]. Il l'avait introduit dans *l'Étourdi*; et ainsi dans son premier essai d'auteur, il présentait sa première création de farceur. Puis Mascarille s'était montré dans *le Dépit amoureux* en face de Gros-René : si Molière, en 1670, tenait le rôle d'Albert dans cette comédie, il n'en faut pas conclure qu'en province, et dans les premières années, il avait laissé à un de ses camarades le rôle de Mascarille. Cette cession ne dut avoir lieu qu'après que Molière eut renoncé à l'emploi du masque. Après *les Précieuses*, Mascarille ne reparut plus. Ce type de valet parut à Molière trop étroit, et trop étranger aussi peut-être : il se fit alors le masque bien français de Sganarelle, le bourgeois cossu, morose, ladre ou cupide, peureux, qu'il produisit sous divers aspects jusqu'en 1666 : après quoi il abandonna les masques, et nomma ses personnages de noms individuels pour serrer de plus près la nature en variant, sous la différence des noms, les nuances des caractères similaires et des conditions identiques.

Mascarille, étant un caractère inventé d'après les valets italiens, portait le masque à l'italienne [2], et, quand il n'était pas comme ici travesti, l'habit à peu près de Scapin, le manteau de satin rayé, toque, fraise, barbe. Jodelet, qui

1. Dr. Ad. Espagne, *Des influences provençales dans le théâtre de Molière*, 1876.

2. « Il contrefaisait d'abord les marquis avec le masque de Mascarille; il n'osait les jouer autrement. Mais à la fin il nous a fait voir qu'il avait le *visage assez plaisant* pour représenter sans masque un personnage ridicule. » (De Villiers, *Vengeance des Marquis*, sc. VII.) Toutes les objections de goût, ou tirées de nos habitudes et préjugés, qu'on a opposées au *masque* de Mascarille tombent devant ce texte. Il faut songer que les Italiens Arlequin, Scaramouche jouaient sous le masque et n'en étaient pas moins plaisants.

lui donnait la réplique, était un vieux comédien, illustre dans la farce, qu'il avait lui seul maintenue au Marais,[1] tandis que les comédiens de l'Hôtel de Bourgogne l'avaient délaissée, se donnant de plus en plus au sérieux tragique et au comique littéraire. Aussi sa place était-elle marquée dans la troupe de Molière, où il entra à Pâques 1659, avec son frère l'Espy. Lorsqu'il mourut le 26 mars 1660, il fut remplacé par Gros-René, dont la ronde carrure faisait un contraste complet avec la maigreur desséchée de Jodelet.[2]

Les honnêtes gens de la pièce étaient La Grange et Du Croisy, qui y gardaient leurs noms de théâtre, assez décents et sérieux pour les rôles qu'ils tenaient. Cette particularité donnerait à supposer que les noms aussi de Magdelon et de Cathos appartenaient aux actrices qui tenaient les rôles, et résoudrait le problème autrement insoluble de savoir comment distribuer à Madeleine Béjart et à Catherine de Brie les deux emplois de femmes. Marotte était assurément une des deux Marottes qui appartinrent à la troupe de Molière; mais il est impossible de dire si c'est Marotte Ragueneau ou bien la nièce de la Beaupré.

Gorgibus semble avoir été un masque de la farce du milieu du XVIIe siècle, sous lequel jouait un camarade de Molière; nous le retrouvons dans *la Jalousie du Barbouillé*, dans *le Médecin volant*, dans *Gorgibus dans le sac*, dans *les*

Tallemant des Réaux.

2. Tout ce qu'on peut dire sur un mot de *la Vengeance des marquis*, comédie de 1663, ne saurait affaiblir le sens du passage de Loret, où il annonce la mort de Jodelet et dit :

> ... Gros-René vient à sa place,
> Homme trié sur le volet,
> Et qui vaut trois fois Jodelet.

Cela ne veut-il pas dire que Gros-René prit l'emploi et des rôles de Jodelet? En garda-t-il le nom dans le rôle des *Précieuses*? La comédie était imprimée, et le vicomte ridicule était le vicomte de Jodelet : on ne pouvait changer le nom. Mais si Gros-René dans *les Précieuses* joua avec le nom de Jodelet, c'était une première atteinte à l'usage des masques.

Précieuses, dans *Sganarelle*. On ne pourrait donc donner le rôle à l'Espy, entré nouvellement dans la troupe de Molière avec son frère Jodelet. Comme des sept hommes que comprenait la troupe de Molière, quatre sont employés déjà pour la comédie, l'Espy exclus, il ne reste plus qu'à choisir entre Béjart cadet et de Brie : mais de Brie, la Rapière du *Dépit*, qui faisait souvent des rôles de bretteur, devait avoir la brutalité qui convenait à l'un des porteurs de chaise. Si bien que Gorgibus peut être le masque de Louis Béjart. Almanzor, seul nom de la comédie qui ne puisse pas être le nom de l'emploi ou le nom de l'acteur — exception qui s'explique par l'intention particulière de l'auteur — était-il tenu par le vieux l'Espy, ou par un valet des comédiens? Si c'était l'Espy, il devait y avoir un contraste bouffon entre la figure du comédien et le mot de *petit garçon* qui lui était appliqué.

L'étude de la liste des personnages nous découvre donc aisément le rapport de la comédie des *Précieuses* à la farce qui avait fait, une trentaine d'années auparavant, la gloire de l'Hôtel de Bourgogne et la renommée de ses acteurs [1], et qui, au dire de Scarron, dans son *Roman comique*, était « comme abolie » au moment où Molière revient à Paris. On a peine à ne pas repousser ce nom de farce comme une injure au génie de Molière. Cependant il faut bien comprendre que la comédie des *Précieuses* est une farce. Elle en a tous les caractères. Le dialogue, il est vrai, en est écrit et fixé, à la réserve de quelques lazzi et plaisanteries qui peuvent s'introduire au gré des acteurs. Mais cette pièce se produit, dans la représentation, à la place jadis attribuée à la farce; elle se produit comme une farce égayant la fin du spectacle. Les acteurs se présentent, comme dans la farce, sous leurs noms connus, qu'ils imposent aux rôles. L'idée fondamentale de l'action scénique résulte d'une habitude de la farce. Pour produire Mascarille et Jodelet

1. Voir Rigal, *Alexandre Hardy*, II, 2, 5, p. 122.

en marquis et en vicomte, il faut un artifice d'intrigue qui revête ces deux valets de farce des caractères de gentilshommes, de façon que le public, dans les habits du vicomte et du marquis, ne cesse pas un instant d'apercevoir les figures de ses farceurs connus et aimés, que leurs effets, leur comique, leurs tics habituels et qui font rire puissent se répéter dans ces rôles nouveaux. La construction des *Précieuses* est celle qu'on trouve dans toutes les farces et comédies où il s'agit de montrer un masque français et italien dans une condition qui n'est pas sa condition essentielle : nous voyons ici Mascarille marquis et Jodelet vicomte comme ailleurs Jodelet prince ou Jodelet astrologue, comme Scaramouche ermite, comme Arlequin lingère du Palais, Arlequin empereur dans la lune et Arlequin homme à bonnes fortunes. Le procédé de Molière est ici celui de la *commedia dell' arte*, nécessité par la fixité des masques et caractères des acteurs italiens.

J'y insiste, parce que loin de rabaisser Molière, cette remarque l'explique et relève son originalité. Il avait fait deux comédies d'intrigue à la façon des comédies littéraires italiennes et françaises, deux grandes pièces en cinq actes : et quelle qu'en soit la gaieté, la profondeur et l'originalité de son génie comique n'y apparaissent pas. C'est en revenant à ces canevas de farces qu'il avait composés en province, c'est en faisant la farce des *Précieuses*, et puis la farce de *Sganarelle*, en revenant donc aux sources populaires et aux formes populaires de la comédie, et en laissant les joyeux tours de l'intrigue pour la charge grotesque et fidèle des caractères et des conditions, que Molière trouvera sa voie, et s'élèvera à *l'École des Femmes*, au *Tartuffe*, et même au *Misanthrope*. Remarquez que ce qui le distingue des d'Ouville et de Boisrobert, et des Corneille, même de Pierre, c'est qu'il est un *farceur* ; loin de diffamer Molière, ceci accuse justement sa supériorité ; il n'est le plus grand que parce qu'il est le plus populaire de nos auteurs comiques.

Le succès inattendu de cette farce le fit sans doute réfléchir. Sans croire aux anecdotes douteuses, comme celle du vieillard qui se serait écrié : « Courage! Molière, voilà la bonne comédie ! [1] » ou de Molière même disant : « Je n'ai plus que faire d'étudier Plaute ou Térence, ni d'éplucher les fragments de Menandre : je n'ai qu'à étudier le monde [2], » il est permis de croire que l'applaudissement universel lui ouvrit les yeux, qu'il comprit nettement combien il avait rencontré juste dans cette bouffonnerie, et que de ce jour il étudia moins les modèles littéraires, non pas anciens, mais italiens, dont il avait pris ses deux premières comédies en vers, pour s'attacher davantage à l'expression plaisante des mœurs ou de la vie.

Outre le nombre des représentations, les témoignages abondent de l'éclatant succès des *Précieuses*. Loret, qui les vit le 6 décembre, constate l'affluence du public à l'Hôtel du Petit-Bourbon; il met cette farce au-dessus de la *Cassandre* de Boisrobert, du *Néron* de M. Gilbert, de l'*Amalasonte* de Quinault, de l'*Œdipe* même du grand Corneille, et il déclare que ses trente sous lui ont valu du rire pour plus de dix pistoles.

Il ne faudrait pour juger du succès que noter la mauvaise humeur des critiques et des rivaux. Par une tactique souvent renouvelée contre Molière, on attribua à son jeu et non à la valeur de la pièce tout l'agrément du spectacle et la joie des spectateurs; et de peur qu'il n'en conçût néanmoins vanité, on insista sur ce que c'était le jeu d'un farceur. « C'est toujours quelque chose d'exceller en quelque métier que ce soit, disait méchamment Somaize [3], et pour parler selon le vulgaire, il vaut mieux être le premier d'un village que le dernier d'une ville, bon farceur que méchant comédien. » La farce, comme je l'ai dit, passait de mode, avant que Molière rentrât à Paris : les grands comédiens la trouvaient au-dessous d'eux. On espérait dis-

1. Grimarest, *Vie de Molière*.
2. *Segraisiana*.
3. Préface des *Précieuses ridicules... nouvellement mises en vers*.

créditer la nouvelle troupe et son chef en excitant contre eux la délicatesse du goût des honnêtes gens : ils aimèrent mieux « se laisser prendre par les entrailles », et rire. Plus maligne était l'accusation de plagiat. « Il a, déclare Somaize, copié *les Précieuses* de M. l'abbé de Pure, jouées par les Italiens! »[1] Ailleurs, il parle des *Précieuses* comme d'un *vol* fait « aux Italiens à qui M. l'abbé de Pure les avait données ».

L'abbé de Pure, auteur d'un roman intitulé *la Précieuse ou le mystère de la ruelle*, qui parut en 1656, avait fait représenter par les comédiens italiens, la même année, une comédie sur le même sujet, qui n'avait pas été imprimée. Molière, alors en province, ne l'avait pas vue : en avait-il même entendu parler? C'était une pièce italienne : ce ne fut que bien plus tard que les Italiens mêlèrent des scènes françaises dans leurs représentations. L'abbé de Pure sans doute n'avait fait qu'établir un canevas, sur lequel, selon leur usage, les acteurs improvisaient le dialogue. Comment Molière eût-il pu se rendre plagiaire d'une œuvre que sa nature même empêchait de survivre aux représentations? Mais il y a le canevas, et, selon Somaize, « c'est la même chose » dans la pièce italienne que dans la française : « ce sont deux valets tout de même qui se déguisent pour plaire à deux femmes, et que leurs maîtres battent à la fin; il y a seulement cette petite différence, que dans la première les valets le font à l'insu de leurs maîtres, et que dans la dernière ce sont eux qui le leur font faire[2]. » Le

1. Préface des *Véritables Précieuses*.

2. *Les Véritables Précieuses*, VII. — M. Roy nous donne dans son étude sur Ch. Sorel (p. 267, n. 3) quelques indications intéressantes sur la pièce de 1656 : « L'abbé de Pure, dit-il, a raconté lui-même dans son roman *la Précieuse*, 3e partie, 1657, p. 458-499, pourquoi et comment il avait fait la pièce portant le même titre.... Une jeune fille romanesque nommée Aurélie s'était entichée d'un poète ridicule, auquel la famille, conseillée par l'abbé de Pure, avait vainement opposé un élégant cavalier; on tente alors une dernière épreuve, et l'on emmène à l'improviste Aurélie au théâtre italien, qui donne justement une pièce nouvelle « portant ce seul titre, *la Précieuse* ». L'héroïne est « une jeune fille préférant un faux poète à un galant effectif et de condition ».

rapport est évident. Mais la remarque faite plus haut diminue bien la portée de cette constatation, si l'on songe que le déguisement de valet en maître est banal dans la comédie italienne ou française, et que c'est l'artifice nécessaire qui permet de trouver des applications nouvelles et plaisantes des *masques* familiers des Arlequins et des Jodelets. Il résulte, d'ailleurs, des renseignements que l'on a sur cette pièce de l'abbé de Pure, que cet auteur galant et précieux n'avait pas eu l'intention de faire la satire de la préciosité : sa comédie n'avait qu'une portée anecdotique et une application particulière. Tout ce qui fait le prix des *Précieuses ridicules* appartient à Molière.

Autant qu'à de Pure, Molière pourrait être redevable à Chappuzeau de l'idée de présenter un faux marquis. Dans une comédie en prose [1], *le Cercle des Femmes*, imprimée sans doute en 1656, le pédant Hortense, éconduit par Messandre dont il voulait épouser la fille, habille son Pensionnaire Germain en seigneur, qui vient débiter toute sorte de sottises devant Émilie et son père, jusqu'à ce que deux sergents l'arrêtent pour ses dettes [2]. Molière a pu connaître le livret où se trouve cette pièce : l'a-t-il connu en effet? Ce n'est pas prouvé.

L'idée de railler les excès de la préciosité n'était pas une idée nouvelle. Au contraire elle était, comme on dit, dans l'air. Dès 1644, Sorel, dans ses *Lois de la galanterie*, avait donné le « code aussi minutieux qu'ironique de la vie élégante à Paris [3] »; et cet écrit avait reparu amplifié

Aurélie reconnaît aussitôt « qu'on l'a jouée sur le théâtre, et que sa passion a été exposée au peuple pour lui en faire concevoir, par un conseil public, une honte particulière. »

1. Plus tard (1661) remise en vers, avec des changements.

2. Roy, *Charles Sorel*, p. 106.

3. Roy, *Charles Sorel*, p. 261. Je ne crois pas qu'on puisse alléguer, avec MM. Larroumet et Roy, la *Nouvelle histoire du temps ou relation du royaume de Coquetterie*, par l'abbé d'Aubignac : s'il fait le moraliste aux dépens des précieux, c'est en précieux outré, avec un déploiement de bel esprit et d'allégorie qui égale le ridicule ingénieux de la carte de Tendre.

en 1658 [1]. Dans sa *Description de l'île de la portraiture* (1659), il raillait une des principales applications de l'esprit précieux. Molière avait lu Sorel : nous avons plus d'une raison de le remarquer. M. Roy [2] cite encore un *Portrait de la coquette*, « satire, dit-il, des Précieuses datée et envoyée de Pézenas », et qui fut imprimée en juillet 1659. Donc l'idée de railler les excès de la préciosité était dans l'air, et Molière, comme font souvent les hommes de génie, s'empara de l'idée qui était comme diffuse autour de lui : il lui donne une force, une ampleur, une portée, que nul ne soupçonnait qu'elle pût avoir, et son œuvre eut le double mérite de venir au moment où elle était comme attendue, et de dépasser infiniment l'attente du public.

Mais de ce public, le monde précieux faisait partie, il en était la partie la plus distinguée et la plus intelligente. Quel accueil fit-il à la satire? Cette question mène à une autre, fort controversée : quel est le sens de la comédie? *Les Précieuses ridicules*, cela veut-il dire que les précieuses sont ridicules, ou bien qu'il y a des précieuses qui sont ridicules? le ridicule tombe-t-il sur toutes les précieuses, en vertu de leur préciosité, ou sur quelques-unes qui, par l'outrance d'une mauvaise imitation, rendent ridicule ce qui ne l'est pas en soi?

On sait l'anecdote racontée dans le *Menagiana* [3] : « J'étois à la première représentation des *Précieuses ridicules* de Molière, au Petit-Bourbon. Mlle de Rambouillet [4] y étoit, Mme de Grignan, tout le cabinet de l'Hôtel de Rambouillet, M. Chapelain et plusieurs autres de ma connoissance. La

1. Et comme c'est de cette édition de 1658 que Molière s'est visiblement inspiré en certains endroits, on a là une preuve irrécusable que *les Précieuses* étaient une œuvre nouvelle en 1659 et n'avaient pas été jouées en province.

2. *Ibid.*, p. 269.

3. Éd. 1693, p. 278.

4. L'édition Despois et Mesnard fait justement remarquer qu'il n'y avait plus de Mlle de Rambouillet en 1659, et qu'il faut lire plutôt Mme de Rambouillet.

pièce fut jouée avec un applaudissement général, et j'en fus si satisfait en mon particulier, que je vis dès lors l'effet qu'elle alloit produire. Au sortir de la comédie, prenant M. Chapelain par la main : « Monsieur, lui dis-je, « nous approuvions vous et moi toutes les sottises qui « viennent d'être critiquées si finement et avec tant de « bon sens; mais, croyez-moi, pour me servir de ce que « saint Remy dit à Clovis, il nous faudra brûler ce que « nous avons adoré, et adorer ce que nous avons brûlé. » Cela arriva comme je l'avois prédit, et l'on revint du galimatias et du style forcé dès cette première représentation. » Le futur Vadius se fait honneur. Il est sûr que Mme de Rambouillet ou ne prit pas pour elle la satire, ou n'en garda pas rancune à Molière, qu'elle fit venir chez elle trois ans plus tard pour représenter *l'École des Maris*. Mais il est non moins certain que toutes les précieuses ne furent pas d'aussi bonne composition. Somaize en est garant lorsqu'il écrit en 1660, dans un style prophétique après coup : « Elles intéresseront les galants à prendre leur parti. Un alcôviste de qualité interdira ce spectacle pour quelques jours. Nouveau concours au cirque, lorsqu'elles reparaîtront[1]. »

On ignore qui est cet alcôviste de qualité; toutes les conjectures qu'on peut faire sont sans fondement. Mais l'interdiction de la pièce paraît certaine quand on voit la première représentation prendre place le 18 novembre et la seconde seulement le 2 décembre.

Il me paraît difficile que les Précieuses ne se soient pas senties touchées, comme les dévots se sentirent touchés dans *Tartuffe*, comme il n'y a point de peinture d'un ridicule professionnel qui ne ricoche jusque sur la profession même. Et quelque innocence d'intention qu'étalent les auteurs comiques et satiriques, il est rare que les charges violentes des ridicules professionnels ne soient pas faites

1. *Dict. des Précieuses*, éd. Livet, t. I, p. 188-189.

par des hommes qui en veulent en quelque façon à la profession. Ce n'est pas un dévot qui dénoncera Tartuffe, ni un juge qui exposera Dandin. Il faut quelque naïveté pour se reposer l'esprit sur cette distinction.

Mme de Rambouillet et ses amis pouvaient trouver fort mauvaise et ridicule l'Académie de Mme la vicomtesse d'Auchy. Mlle de Scudéry, dans la fin de *Cyrus*, et dans le neuvième volume de *Clélie*, pouvait « railler ses maladroites imitatrices »[1]. Elles ne faisaient pas leurs réserves et leurs critiques du même ton et dans le même esprit que Molière. Rien n'est plus chimérique que de vouloir, avec Rœderer et Cousin, soutenir que Molière « n'a jamais songé à attaquer l'Hôtel de Rambouillet ». Si l'on veut dire par là que la comédie ne fait pas de personnalités contre Mme de Rambouillet et ses amis, je l'admets volontiers; mais avec Despois, avec M. Roy, je suis persuadé que la vraie préciosité, celle de l'Hôtel de Rambouillet et des cercles les plus spirituels, fut atteinte, et fut visée par Molière. Il attaquait une conception de la vie, de l'amour, des habitudes de langage, un effort vers la délicatesse des pensées, des discours, des manières, un idéal de noblesse et de distinction, une réaction contre l'abandon à la nature et la simplicité populaires dans les façons de vivre et de parler, qui étaient bien les caractères de la meilleure préciosité, qui correspondaient bien à ce que Mme de Rambouillet avait voulu faire, suivie par tout le beau monde : et pour bien préciser l'attaque, les romans où était dépeint l'idéal de la société nouvelle, étaient clairement désignés par un résumé ou parodie de *Cyrus* et par la *Carte de Tendre* extraite de *Clélie*. Molière se distingue précisément d'un Sorel, ou des précieuses du vrai grand monde, en ce que ce n'est pas à l'excès ou à la maladresse des imitations bourgeoises qu'il en a, mais à la chose même, au principe même et à l'essence de la préciosité.

1. Roy, ouvr. cité, p. 269.

L'historien s'égare en voulant à toute force réconcilier les hommes et les partis qui s'opposent. Dans le recul que donne l'éloignement des temps, les caractères, les idées, les mouvements contraires apparaissent avec leur part de légitimité, ou de bonté, de vérité relatives; et ce n'est pas une raison, parce qu'on aime à la fois Molière et Mme de Rambouillet, de vouloir les obliger à s'aimer aussi et s'embrasser devant la postérité. Molière, dans toute son œuvre, nous représente un esprit hostile aux tendances du monde précieux : il est pour le langage franc, naturel, populaire, contre le langage épuré ou correct des salons et de l'Académie; il est pour l'acceptation toute simple et bourgeoise des besoins de la nature humaine et des réalités de la vie, contre l'aspiration idéale et romanesque des intelligences aristocratiques. Il aperçoit un danger dans la délicatesse même et l'élévation des rêves, il craint des chocs et des chutes terribles quand il s'agira de réaliser ce qu'on aura rêvé : et par delà les grimaces du bel esprit, il signale, ce qui fait la portée morale de la satire, les erreurs de la conduite, les égarements où la réputation et l'humeur s'endommagent. Mieux vaut la vie bourgeoise, avec ses conceptions un peu grosses, sans idéal; ce terre-à-terre fait qu'on ne risque pas de choir : la réalité est cruelle et des héroïnes de roman fait, dans la vie, des aventurières.

C'est cette opposition d'esprit et de tendance qui fait le sens des *Précieuses ridicules*. Il ne faut pas se laisser tromper par la charge et les effets de farce. Si Molière avait donné une imitation mesurée et exacte, elle n'eût pas saisi les esprits; on n'y eût rien trouvé de ridicule et de choquant, habitué qu'on était à respecter et admirer les *précieuses*. En choisissant deux pecques provinciales, deux gentilshommes de contrebande, pour contrefaire les précieuses et les précieux, il se ménageait le moyen de pousser l'expression des mœurs jusqu'au point où elles devenaient ridicules, même pour les plus entichés. Il suffit, après qu'on a remarqué cela, de ne pas s'en tenir aux surfaces, et de se demander où porte chaque trait de la charge, quelle tendance il dénonce et condamne, pour n'avoir plus de doute sur la pensée de Molière.

Il était naturel qu'il se défendit comme il a fait dans sa Préface : c'était opportun et de bonne guerre. Aujourd'hui, sa véritable défense serait que la satire venait à son heure. *Les Précieuses* avaient fait leur œuvre; la préciosité pouvait disparaître. Il était bon de débarrasser le monde de leurs manières, de leurs modes d'esprit et de langage, choses éphémères et relatives, qui tendaient à s'immobiliser, à se fixer en modèles permanents par l'admiration qu'elles avaient excitée. Molière vint à propos pour déblayer le terrain, et faciliter, à cette date décisive de 1660, le passage de la politesse précieuse à la politesse de cour, plus aisée, plus naturelle, plus rapprochée de la vraie élégance dont la liberté est l'essence, et destinée à son tour à céder à la politesse encore plus aisée et voisine de l'idéal, que le XVIIIe siècle réalisera. Et ce qui peut consoler les amis des précieuses, c'est que Molière n'a réussi que parce que la préciosité avait donné tout ce qu'elle pouvait donner : vingt-cinq ans plus tôt, il n'eût pu réussir. Eût-il même, malgré ses tendances personnelles, songé à écrire cette satire? Il saisit le temps, et, malgré son génie, il ne triompha de la préciosité que parce qu'en réalité elle ne répondait plus à aucun besoin des esprits.

Est-ce parce que la préciosité avait succombé à l'attaque que *les Précieuses* ne seront pour ainsi dire plus jouées pendant vingt ans? Elles ne seront reprises qu'en 1680, précisément quand une sorte de préciosité reparaitra.

Somaize, qui accusait si délibérément Molière de plagiat, se hâta d'exploiter l'éclat des *Précieuses*. Il fit imprimer en 1660 son *Grand Dictionnaire des Précieuses ou la clef de la langue des ruelles*, une comédie en prose, *les Véritables Précieuses*, et une version en vers des *Précieuses ridicules* : et cela, en semant çà et là les traits méchants à l'adresse de Molière. Il semble même que le libraire de Somaize,

Jean Ribou, ait songé un moment à imprimer l'œuvre même de Molière, malgré lui, et sans son aveu : ce qui obligea Molière à faire prendre un privilège par le libraire Guillaume de Luynes, et à publier lui-même sa comédie. Elle parut au début de 1660. L'achevé d'imprimer est du 29 janvier.

Une femme de lettres, amie de Molière, Mlle Desjardins (plus tard Mme de Villedieu), écrivit dès le temps des premières représentations un *Récit en prose et en vers de la Farce des Précieuses*, dont il courut des copies. On en trouve une dans le recueil de Conrart. En 1660, Mlle Desjardins fit imprimer son récit. Comme il présente plusieurs différences avec la comédie, on a supposé que Molière, soit au cours des représentations, soit au moment de l'impression, avait fait des retouches. On peut admettre que Mlle Desjardins a manqué de mémoire, ou (si vraiment elle écrit sur le rapport d'autrui sans avoir vu la pièce) a été mal informée, quand elle ne suit pas bien l'ordre du dialogue dans les conversations de Mascarille et des précieuses : cet ordre était difficile à retenir de mémoire. Mais quand elle marque de gros effets que nous ne trouvons pas, des effets de farce, et quand elle donne des scènes qui manquent dans la comédie imprimée, il faut bien croire qu'elle nous représente la première forme de l'ouvrage : la mémoire d'un spectateur peut brouiller l'ordre des choses, non supposer des choses qui n'ont pas été présentées. Ainsi il est fort possible que Molière eût d'abord montré la visite de La Grange et de Du Croisy chez les deux précieuses. Selon Mlle Desjardins, la farce commençait par la scène III, et par une partie de la scène IV, et continuait ainsi :

« Après les avoir exhortées à vivre comme le reste du monde, et à ne pas se tirer du commun par des manies si ridicules, il (Gorgibus) les avertit qu'il viendroit à l'instant deux hommes les voir, qui leur faisoient l'honneur de les rechercher. »

« Et en effet, madame, peu de temps après la sortie du vieillard, il vint deux galants offrir leurs services aux demoiselles; il me sembla même qu'ils s'en acquittoient assez bien. Mais aussi, je ne suis pas précieuse, et je l'ai connu par la manière dont ces deux illustres filles reçurent nos protestans(?) : elles bâillèrent mille fois; elles demandèrent autant quelle heure il étoit, et elles donnèrent enfin tant de marques du peu de plaisir qu'elles prenoient dans la compagnie de ces aventuriers, qu'ils furent contraints de se retirer, très mal satisfaits de la réception qu'on leur avoit faite, et fort résolus de s'en venger comme vous le verrez par la suite.

« Sitôt qu'ils furent sortis, nos précieuses se regardèrent l'une l'autre, et Philimène, rompant la première le silence, s'écria avec toutes les marques d'un grand étonnement :

> Quoi? ces gens nous offrent leurs vœux !
> Ha ! ma chère, quels amoureux !
> Ils parlent sans afféteries;
> Ils ont des jambes dégarnies,
> Une indigence de rubans,
> Des chapeaux désarmés de plumes,
> Et ne savent pas les coutumes
> Qu'on pratique à présent au pays des romans.

« Comme elle achevoit cette plainte, le bonhomme revint pour leur témoigner son mécontentement de la réception qu'elles avoient faite aux deux galants. »

Et c'est l'autre moitié de la scène IV qui se place ici. La forme actuelle de la comédie est plus vive : l'action est nouée dès la première scène.

Mlle Desjardins, du moins dans la copie manuscrite du recueil de Conrart, qui est antérieure au récit imprimé, nous signale aussi deux jeux de scène ou lazzi qui ne se retrouvent pas dans le texte de la comédie que Molière a établi : l'un est fort grossier à la fin de la scène VI, et l'autre assez gros, dans la scène XI. Rien n'empêche de les croire authentiques : c'était le goût du théâtre d'alors, de Scarron et de Jodelet, et il s'en trouve de pareils dans *Pourceaugnac* et *le Médecin malgré lui*. Ce pouvaient être du reste des lazzi d'acteurs ajoutés au texte, et que Molière à cause de cela n'a pas reçus.

ANALYSE DE LA COMÉDIE

Sc. I. — La Grange et Du Croisy, piqués des dédains de Cathos et Magdelon, qu'ils veulent épouser, projettent une vengeance.

II. — En sortant, ils ne cachent pas leur mécontentement à Gorgibus.

III. — Gorgibus fait appeler par Marotte sa fille et sa nièce, et se plaint de leur coquetterie.

IV. — Comme Gorgibus se plaint de l'accueil fait aux deux prétendants, Magdelon et Cathos expliquent au bonhomme que ces amants trop bourgeois ignorent les belles manières et les règles de la galanterie : il les menace du couvent si elles ne se résolvent d'abord au mariage.

V. — Les deux filles s'étonnent de la grossièreté d'esprit de leur oncle et père.

VI. — On annonce le marquis de Mascarille.

VII. — Mascarille se fait apporter en chaise jusque dans la salle, et se querelle avec les porteurs.

VIII. — Marotte annonce ses maîtresses.

IX. — La conversation s'engage entre Mascarille et les précieuses : il leur débite des galanteries, récite un impromptu à sa façon, s'offre pour les mener à la comédie, leur fait admirer son ajustement, et débite cent sottises auxquelles elles répondent avec joie.

x. — On annonce le vicomte de Jodelet.

xi. — Après de grandes embrassades, Mascarille présente Jodelet comme un brave, et tous les deux se congratulent sur leurs exploits; puis ils offrent de faire danser.

xii. — Quelques amies de Cathos et Magdelon arrivent, et les violons commencent.

xiii. — Mais La Grange et Du Croisy arrivent et rossent Mascarille et Jodelet.

xiv. — Ceux-ci veulent faire croire qu'il s'agit d'une plaisanterie, d'une gageure.

xv. — Mais La Grange et Du Croisy, leur reprochant d'avoir pris les habits de leurs maîtres, les font dépouiller de leurs ajustements d'emprunt. Mascarille apparaît en valet et Jodelet en cuisinier. Cathos et Magdelon crèvent de dépit.

xvi. — Ils sont chassés par Magdelon furieuse.

xvii. — Gorgibus envoie au diable le bel esprit et les romans.

PRÉFACE DE MOLIÈRE

C'est une chose étrange qu'on imprime les gens malgré eux. Je ne vois rien de si injuste, et je pardonnerais toute autre violence plutôt que celle-là.

Ce n'est pas que je veuille faire ici l'auteur modeste, et mépriser par honneur [1] ma comédie. J'offenserais mal à propos tout Paris, si je l'accusais d'avoir pu applaudir à [2] une sottise. Comme le public est le juge absolu de ces sortes d'ouvrages, il y aurait de l'impertinence [3] à

1. *Par honneur*, entendez *par point d'honneur*.

> ... Et du parfait amour mettre l'*honneur* suprême
> A bien injurier les personnes qu'on aime. (*Mis.*, v. 709.)
>
> Qu'à nos vœux, par honneur, notre bouche s'oppose.
> (*Tart.*, v. 1421.)

M. Livet entend : *par complaisance, par excès de civilité*; à tort, je crois.

2. *Applaudir à* est une construction usuelle au xviie s.; mais Molière emploie également *applaudir*, activement.

> S'il avait observé qu'on ne l'applaudit pas.
> (*Mis.*, v. 654.)
>
> Mais d'un aveu trompeur voir ma flamme applaudie.
> (*Ibid.*, v. 1305.)

Furetière ne donne ce verbe que comme neutre, tout en citant un emploi du passif *être applaudi*, chez La Bruyère.

3. *Impertinence* ne contient pas l'idée d'*offense* ou d'*insolence*, au

moi de le démentir; et quand j'aurais eu la plus mauvaise opinion du monde de mes *Précieuses ridicules* avant leur représentation, je dois croire maintenant qu'elles valent quelque chose puisque tant de gens ensemble en ont dit du bien. Mais comme une grande partie des grâces qu'on y a trouvées dépendent de l'action [1] et du ton de voix [2], il m'importait qu'on ne les dépouillât pas de ces ornements; et je trouvais que le succès qu'elles avaient eu dans la représentation était assez beau, pour en demeurer là. J'avais résolu, dis-je, de ne les faire voir qu'à la chandelle, pour ne point donner lieu à quelqu'un de dire le proverbe [3]; et je ne voulais pas qu'elles sautassent du théâtre de Bourbon [4] dans la galerie du Palais [5]. Cependant je n'ai pu l'évi-

XVIIe s., mais celle seulement d'*inconvenance*, et *manque de propos*. « La scène du valet et de la servante au dedans de la maison, n'est-elle pas d'une longueur ennuyeuse, et tout à fait *impertinente*? » (*Critique de l'École des Femmes*, sc. VI.)

1. L'*action*, c'est le débit et le geste, en parlant de l'orateur ; quand il s'agit de théâtre, c'est le *jeu*, la *représentation*. En général, c'est plutôt le *geste* : et l'on appliquait le mot dans ce sens à la vie commune. « J'ai l'action fort aisée, et même un peu trop, et jusqu'à faire beaucoup de gestes en parlant. » (*Portrait* de La Rochefoucault *par lui-même*.)

2. C'est ce que les ennemis de Molière ne se lassèrent pas de dire ; et ils prétendaient même qu'à la lecture ses comédies perdaient *toute* leur grâce. Montfleury fait dire à un libraire à qui l'on conseille de vendre *l'Impromptu de Versailles* :

> Il faudrait donc, monsieur, vendre aussi ses grimaces,
> Et, de peur qu'en lisant on n'en vît pas l'effet,
> Au bout de chaque vers, il faudrait un portrait....
> Si, quand il fait des vers, il les dit plaisamment,
> Ces vers sur le papier perdent leur agrément....
> L'on rit à les entendre, et l'on pleure à les lire.
> (*Impromptu de l'Hôtel de Condé*, sc. IV.)

3. « Cette femme est belle à la chandelle, mais le jour gâte tout. » (Furetière, *Dictionn.*, cité dans l'éd. Eug. Despois et P. Mesnard.)

4. Cf. plus haut, p. 13.

5. Où étaient beaucoup de boutiques de libraires, et où s'exposaient

ter, et je suis tombé dans la disgrâce de voir une copie dérobée de ma pièce entre les mains des libraires, accompagnée d'un privilège obtenu par surprise [1]. J'ai eu beau crier : « O temps! ô mœurs! » [2] on m'a fait voir une nécessité pour moi d'être imprimé, ou d'avoir un procès[3]; et le dernier mal est encore pire que le premier. Il faut donc se laisser aller à la destinée, et consentir à une chose qu'on ne laisserait pas de faire sans moi.

Mon Dieu, l'étrange embarras qu'un livre à mettre au jour, et qu'un auteur est neuf la première fois qu'on l'imprime! Encore si l'on m'avait donné du temps, j'aurais pu mieux songer à moi, et j'aurais pris toutes les précautions que Messieurs les auteurs, à présent mes confrères, ont coutume de prendre en semblables occasions. Outre quelque grand seigneur que j'aurais été prendre malgré lui pour protecteur de mon ouvrage, et dont j'aurais tenté [4] la libéralité par une épître dédicatoire bien fleurie, j'aurais tâché de faire une belle

les nouveautés. Cf. Corneille, *la Galerie du Palais*, act. I, sc. IV et suiv.

1. Jean Ribou obtint un privilège le 12 janvier 1660 pour imprimer *les Précieuses*. Le 19, le libraire de Molière, Guill. de Luynes, en obtint un autre, qu'il partagea avec Charles de Sercy et Claude Barbin; et le 20 le privilège surpris par Ribou fut annulé. Mais il revint à la charge, et le 3 mars il obtint du chancelier un nouveau privilège pour imprimer *les Précieuses ridicules, en vers* : ce qui l'obligea à faire versifier l'œuvre de Molière par Somaize. Ce rhabillage parut un peu après la pièce originale.

2. *O tempora! o mores!* (Cicéron, *Catilinaires*, I, 1, 2.)

3. Molière imprima sa pièce, mais comme on vient de le voir, Ribou n'en fut pas découragé, et le procès redouté de Molière faillit avoir lieu, quand *les Précieuses, en vers*, furent annoncées. Mais les libraires firent un accommodement.

4. *Tenté*, c'est-à-dire *éprouvé, tâté*. « L'homme par qui j'avais accoutumé de vous faire tenir mes lettres, n'étant pas en vos quartiers,... je ne pouvais *tenter* une autre commodité. » (Malherbe, IV, 188, éd. L. Lalanne, in-8.)

et docte préface; et je ne manque point de livres[1] qui m'auraient fourni tout ce qu'on peut dire de savant sur la tragédie et la comédie, l'étymologie de toutes deux, leur origine, leur définition et le reste. J'aurais parlé

1. On ne sait malheureusement pas quels livres composaient la bibliothèque de Molière. Voici les seules indications de l'*inventaire* dressé après son décès :

« *Item.* Quatorze volumes in-folio, reliés en veau : deux tomes du sieur de La Mothe Le Vayer, deux tomes de Séneque, un des *Triomphes de Louis XIII*, un intitulé *Rome vaincue*; deux du sieur de Corneille, deux Dioscorides, un tome de Plutarque, un des *Antiquités romaines*, deux tomes de Tite-Live, et un tome de l'*Histoire d'Espagne*. Neuf autres volumes in-quarto de Lucien, voyages et autres. Le tout prisé cinquante livres, ci.. L[lt]

Item. Onze autres volumes in-folio : deux des œuvres de Virgile, un autre *Alliance* (Cl. Paradin, *Alliances généalogiques des Rois de France*), un Cassiodore (?), un Juvénal, un livre italien, deux volumes de Calepin, deux de Terence, et un tome de Virgile. Dix-huit volumes in-quarto : Dictionnaire de philosophie et autres. Douze autres volumes aussi in-quarto, et cinquante autres volumes in-12, in-16, en parchemin. Le tout prisé quarante livres, ci.............................. XL[lt]

Item. Quarante autres volumes de comédie française, italienne, espagnole, reliés en parchemin, prisés dix livres, ci............. X[lt]

Item. La Sainte Bible, in-folio, avec un volume de figures d'icelle, prisés huit livres, ci.. VIII[l]

Item. Six vingts volumes in-quarto, in-douze, in-seize, reliés tant de veau que de parchemin, avec quelques volumes de comédie, histoire de France, d'Espagne, d'Angleterre, poésies, traités de philosophie, et autres, prisés ensemble trente-six livres, ci................ XXXVI[lt]

C'étaient donc deux cent vingt-cinq volumes et plus, qui étaient dans l'appartement de Paris. A Auteuil, Molière avait encore quelques livres.

Item. Deux tomes in-folio intitulés : les *Œuvres de Balzac*; deux autres volumes des *Œuvres et vies de Plutarque*, un autre des *Essais de Montaigne*, un des *Métamorphoses d'Ovide*, un autre de Héliodore (?), un autre d'Hérodote, deux autres de Diodore Sicilien, un autre de Valère le Grand. Quatre volumes in-quarto : l'un la *Physique de Rohault*, un *Commentaire de César*, un autre du *Voyage du Levant*, un autre volume d'Horace. Dix-huit autres volumes d'in-octavo et in-12; prisés ensemble trente livres, ci.. XXX[lt]

(Eud. Soulié, *Recherches sur Molière*, p. 269, 280 et 284.)

On entrevoit là une bonne bibliothèque de lettré, qui a du goût pour les choses morales et historiques : pas un volume de religion, sauf la Bible, mais Montaigne, Sénèque et Plutarque.

aussi à mes amis, qui pour la recommandation de ma pièce ne m'auraient pas refusé ou des vers français, ou des vers latins. J'en ai même qui m'auraient loué en grec [1]; et l'on n'ignore pas qu'une louange en grec est d'une merveilleuse efficace [2] à la tête d'un livre. Mais on me met au jour sans me donner le loisir de me reconnaître; et je ne puis même obtenir la liberté de dire deux mots pour justifier mes intentions sur le sujet de cette comédie. J'aurais voulu faire voir qu'elle se tient partout dans les bornes de la satire honnête et permise; que les plus excellentes choses sont sujettes à être copiées par de mauvais singes, qui méritent d'être bernés; que ces vicieuses imitations de ce qu'il y a de plus parfait ont été de tout temps la matière de la comédie; et que, par la même raison que les véritables savants et les vrais braves ne se sont point encore avisés de s'offenser du Docteur de la comédie et du Capitan, non plus que les juges, les princes et les rois de voir Trivelin, ou quelque autre sur le théâtre, faire ridiculement le juge, le prince ou le roi, aussi les véritables précieuses auraient tort de se piquer lorsqu'on joue les ridicules qui les imitent mal [3]. Mais enfin, comme j'ai dit, on ne me laisse pas le temps de respirer, et M. de Luynes veut m'aller relier de ce pas : à la bonne heure, puisque Dieu l'a voulu!

1. Quels étaient ces amis capables de le louer en grec? La Mothe Le Vayer, sans doute, est le premier nom qui se présente à notre esprit. Mais ce peut n'être qu'une plaisanterie.

2. Corneille, *Polyeucte*, v. 30 :

> Il est toujours tout juste et tout bon, mais sa grâce
> Ne descend pas toujours avec même efficace.

Livet remarque que de 1694 à 1740 l'Académie notera *efficacité* comme beaucoup moins en usage qu'*efficace* : mais c'est en 1765 et non en 1799, comme Livet le croit, qu'elle préférera *efficacité*.

3. Voir une argumentation semblable dans la *Préface* de *Tartuffe*.

PERSONNAGES

LA GRANGE, } amants rebutés [1].
CROISY, }

GORGIBUS [2], bon bourgeois.

MAGDELON, fille de Gorgibus, } précieuses ridicules [3].
CATHOS, nièce de Gorgibus, }

MAROTTE [4], servante des précieuses ridicules.

ALMANZOR [5], laquais des précieuses ridicules.

LE MARQUIS DE MASCARILLE [6], valet de La Grange.

LE VICOMTE DE JODELET [7], valet de Du Croisy.

DEUX PORTEURS DE CHAISE.

VOISINES. VIOLONS [8].

1. Varlet, qui se fit appeler La Grange au théâtre, et Gassaud, dont le nom de théâtre était Du Croisy, venaient d'entrer dans la troupe de Molière (Pâques 1659). La Grange est le rédacteur de ce précieux registre, *Extrait des recettes et affaires du théâtre*, qui nous fait si bien connaître la vie du théâtre auquel il appartenait.

2. *Gorgibus* figure dans *la Jalousie du Barbouillé*, dans *le Médecin volant*, dans *les Précieuses*, dans *Sganarelle*. Si l'on songe que les autres personnages portent les noms de théâtre des acteurs qui tenaient les rôles, on croira aisément que Gorgibus était le nom de théâtre d'un camarade de Molière, et désignait un certain *masque* du caractère de farce qui était comme sa propriété. Il est remarquable que Palaprat, dans la *Préface* de ses œuvres, nomme Gorgibus à côté de Turlupin, Gaulthier-Garguille et Jodelet, et au même titre.

3. Madelon et Cathos sont les prénoms des deux actrices de la troupe, Madeleine Béjart et Mlle de Brie (Catherine Leclerc, au théâtre Catherine de Rosé); il est possible et même probable qu'elles ont tenu les deux rôles.

4. Soit Marotte Ragueneau, plus tard femme de La Grange; soit Marotte, nièce de la Beaupré, et plus tard belle-sœur de La Grange.

5. Almanzor est un nom de prince africain dans le roman de Gomberville, *Polexandre*.

6. *Mascarille* est déjà le masque de Molière dans *l'Étourdi* et *le Dépit amoureux*. Cependant lorsque Molière aura renoncé aux *masques*, et variera d'une pièce à l'autre les noms de ses personnages sans immobiliser chacun de ses acteurs ni lui-même dans des caractères marqués, il laissera à un de ses camarades le *Mascarille* du *Dépit*, et prendra un autre rôle pour lui.

7. *Jodelet* était un fameux farceur, et, selon Tallemant des Réaux, le dernier des farceurs, au moment où Molière arriva à Paris, et le recueillit (Pâques 1659). Il mourut l'année suivante (26 mars 1660). Il avait joué auparavant au Marais et à l'Hôtel de Bourgogne, et de nouveau au Marais, où il était retourné dès 1643 : Scarron, d'Ouville, Thomas Corneille écrivirent des pièces pour lui, et son nom inscrit aux titres (*Jodelet ou le maître valet*, *Jodelet astrologue*, *Jodelet prince*), atteste bien qu'il attirait le public. Il ne portait pas le masque, mais il était « enfariné ».

8. Le lieu de la scène n'est pas marqué : c'est, comme l'ont marqué divers éditeurs, à Paris, la maison de Gorgibus, une salle basse.

LES

PRÉCIEUSES RIDICULES

SCÈNE I

LA GRANGE, DU CROISY

DU CROISY. — Seigneur [1] La Grange....

LA GRANGE. — Quoi?

DU CROISY. — Regardez-moi un peu sans rire.

LA GRANGE. — Eh bien?

DU CROISY. — Que dites-vous de notre visite? en êtes-vous fort satisfait?

LA GRANGE. — A votre avis, avons-nous sujet de l'être tous deux?

DU CROISY. — Pas tout à fait, à dire vrai.

LA GRANGE. — Pour moi, je vous avoue que j'en suis tout scandalisé. A-t-on jamais vu, dites-moi, deux

1. Ce mot de *seigneur*, employé ainsi pour *monsieur*, est probablement une trace de l'influence des comédies espagnole et italienne, plutôt de l'italienne, chez Molière. « Tu ne connais pas encore le seigneur Harpagon. » (*Avare*, II, 4.) « Ah! seigneur cavalier, sauvez-moi, s'il vous plaît.... » (*Sicilien*, 14.)

pecques [1] provinciales faire plus les renchéries [2] que celles-là, et deux hommes traités avec plus de mépris que nous? A peine ont-elles pu se résoudre à nous faire donner des sièges [3]. Je n'ai jamais vu tant parler à l'oreille qu'elles ont fait entre elles, tant bâiller, tant se frotter les yeux, et demander tant de fois : « Quelle heure est-il? » [4] Ont-elles répondu que [5] oui et non à tout ce que nous avons pu leur dire? Et ne m'avouerez-vous pas enfin que, quand nous aurions été les dernières personnes du monde, on ne pouvait nous faire pis qu'elles ont fait?

DU CROISY. — Il me semble que vous prenez la chose fort à cœur.

LA GRANGE. — Sans doute, je l'y prends, et de telle façon, que je veux me venger de cette impertinence. Je connais ce qui nous a fait mépriser. L'air précieux n'a pas seulement infecté Paris, il s'est aussi répandu dans

1. On entend ordinairement ce mot *pecque* comme un synonyme de *pécore*, dans le sens de *sotte*, ou *bête*. Furetière pourtant, que cite M. Livet, rattachait le mot non à *pécore*, mais à *pec*, « qui est une épithète qu'on donne au hareng fraîchement salé ». Ces métaphores populaires ne sont pas rares, et Molière même, par une figure de même ordre, a écrit : « Vous êtes une dessalée. » (*George Dandin*, I, 6.)

2. Un des exemples de Livet fait bien voir l'origine de l'expression : « Le titre de bonhomme est un titre qui ne coûte rien ; mais le titre de savant est beaucoup plus *renchéri* » (le P. Garasse) c'est-à-dire *est à plus haut prix, plus difficile à obtenir, plus rare.* D'où *faire le renchéri*, c'est *se mettre à haut prix, se surfaire* : d'où, pour une femme, *ne pas donner, ou faire celle qui ne donne pas facilement ses bonnes grâces.*

3. Grande question dans l'étiquette du XVIIe siècle : voir la lettre de la comtesse de Maure (*Choix de lettres du XVIIe siècle*, p. 259, chez Hachette et Cie, in-16).

4. Molière fera une autre application du même trait, mais en sens inverse, dans *le Misanthrope*, pour représenter la stupidité d'une femme qui ne sent pas qu'elle est importune :

> Et l'on demande l'heure et l'on bâille vingt fois
> Qu'elle grouille aussi peu qu'une pièce de bois (v. 615).

5. *Sinon* : emploi de *que* très commun alors. « Où trouver, Sire, une protection, qu'au lieu où je la viens chercher. » (*Tartuffe*, 2e placet.)

les provinces, et nos donzelles ridicules en ont humé[1] leur bonne part. En un mot, c'est un ambigu[2] de précieuse et de coquette que leur personne. Je vois ce qu'il faut être pour en être bien reçu ; et si vous m'en croyez, nous leur jouerons tous deux une pièce qui leur fera voir leur sottise, et pourra leur apprendre à connaître un peu mieux leur monde.

DU CROISY. — Et comment encore?

LA GRANGE. — J'ai un certain valet, nommé Mascarille, qui passe, au sentiment de beaucoup de gens, pour une manière de bel esprit; car il n'y a rien à meilleur marché que le bel esprit maintenant. C'est un extravagant, qui s'est mis dans la tête de vouloir faire l'homme de condition. Il se pique ordinairement de galanterie et de vers, et dédaigne les autres valets, jusqu'à les appeler brutaux.

DU CROISY. — Eh bien, qu'en prétendez-vous faire?

LA GRANGE. — Ce que j'en prétends faire? Il faut.... Mais sortons d'ici auparavant.

SCÈNE II

GORGIBUS, DU CROISY, LA GRANGE

GORGIBUS. — Eh bien, vous avez vu ma nièce et ma fille : les affaires iront-elles bien? Quel est le résultat de cette visite?

1. Noter que La Grange, en pestant contre les précieux, parle en précieux. Il joue sur le double sens du mot *air*, et il prolonge par *humer* la métaphore *infecté*. — *Donzelle* (de l'italien *donzella*) appartenait à la langue burlesque.

2. Un *ambigu* était un repas où l'on servait tous les mets ensemble sur la table. « Les confitures sont là, disait Sorel, dans son roman de *Polyandre*, mêlées confusément avec les viandes rôties et bouillies. » (Cité par Livet.) Est-ce de là que Molière tire l'emploi original qu'il fait du mot? Le caractère de Madelon et de Cathos serait un *ambigu*, c'est-à-dire présenterait confusément mêlés les traits de la précieuse et de la coquette.

LA GRANGE. — C'est une chose que vous pourrez mieux apprendre d'elles que de nous. Tout ce que nous pouvons vous dire, c'est que nous vous rendons grâce [1] de la faveur que vous nous avez faite, et demeurons vos très humbles serviteurs.

GORGIBUS. — Ouais! il semble qu'ils sortent mal satisfaits d'ici. D'où pourrait venir leur mécontentement? Il faut savoir un peu ce que c'est. Holà!

SCÈNE III

MAROTTE, GORGIBUS

MAROTTE. — Que désirez-vous, monsieur?

GORGIBUS. — Où sont vos maîtresses?

MAROTTE. — Dans leur cabinet.

GORGIBUS. — Que font-elles?

MAROTTE. — De la pommade pour les lèvres.

GORGIBUS. — C'est trop pommadé [2]. Dites-leur qu'elles descendent. Ces pendardes-là, avec leur pommade, ont, je pense, envie de me ruiner. Je ne vois partout

1. Grâce pourrait être une faute de l'impression originale : les éd. de 1663, 66, 73, 75, 82 portent *grâces*. C'est ainsi que Malherbe veut qu'on écrive. Bouhours concède ce singulier aux poètes, selon le besoin : ainsi Molière même dit :

> Adieu. J'irai chez vous tantôt vous rendre grâce.
> (*Éc. des Fem.*, 352.)

2. Altération comique du sens du verbe *pommader*. A vrai dire, c'est plutôt un mot forgé comme Molière en a inventé plusieurs :

> Et l'on me dés-Sosie enfin
> Comme on vous dés-Amphitryonne.
> (*Amph.*, 1860.)

Dans cette locution : *c'est trop pommadé*, Molière donne la vraie forme et la plus correcte. D'Aubigné écrit de même :

> *C'est trop retenu mon devoir.* (*Tragiq.*, l'auteur à son livre.)

L'infinitif s'est introduit par altération, au lieu du participe.

que blancs d'œufs, lait virginal [1], et mille autres brimborions [2] que je ne connais point. Elles ont usé, depuis que nous sommes ici, le lard d'une douzaine de cochons [3], pour le moins, et quatre valets vivraient tous les jours des pieds de mouton qu'elles emploient.

SCÈNE IV

MAGDELON, CATHOS, GORGIBUS

GORGIBUS. — Il est bien nécessaire vraiment de faire tant de dépense pour vous graisser le museau. Dites-moi un peu ce que vous avez fait à ces Messieurs, que je les vois sortir avec tant de froideur? Vous avais-je pas [4] commandé de les recevoir comme des personnes que je voulais vous donner pour maris?

MAGDELON. — Et quelle estime, mon père, voulez-vous que nous fassions du procédé [5] irrégulier de ces gens-là?

1. C'était une eau qui servait à blanchir les mains et le visage : on l'appelait *lait* à cause de sa couleur.

2. *Brimborion* est une déformation plaisante de *breviarium*, sous l'influence peut-être de *bribe*, autrefois *brimbe*. (Hatzfeld, Darmesteter et Thomas. *Dictionnaire de la l. fr.*) « Les brimborions des padres célestins. » (*Rab.*, II, 7.) Puis du sens de *fragments ou bouts de prières* on est passé au sens plus général de *menus objets de toute sorte*.

3. Pour faire les crèmes et pâtes grasses qui leur étaient nécessaires. Scarron fait une énumération analogue dont Molière sans doute se souvient :

> Blanc, perles, coques d'œuf, lard, et pieds de mouton,
> Baume, lait virginal, et cent mille autres drogues....
> (*L'Héritier ridicule ou la Dame intéressée*, V, 1.)

4. Molière a supprimé très souvent la négation *ne* dans les interrogations. Dans la seconde moitié du siècle, cela passa peu à peu pour une licence, quoique Vaugelas l'eût autorisé.

5. *Procédé* se rapporte à toute la conduite, à la manière d'agir, et

CATHOS. — Le moyen, mon oncle, qu'une fille un peu raisonnable se pût accommoder [1] de leur personne?

GORGIBUS. — Et qu'y trouvez-vous à redire?

MAGDELON. — La belle galanterie que la leur! Quoi? débuter d'abord par le mariage!

GORGIBUS. — Et par où veux-tu donc qu'ils débutent? N'est-ce pas un procédé dont vous avez sujet de vous louer toutes deux aussi bien que moi? Est-il rien de plus obligeant que cela? Et ce lien sacré où ils aspirent, n'est-il pas un témoignage de l'honnêteté de leurs intentions?

MAGDELON. — Ah! mon père, ce que vous dites là est du dernier bourgeois [2]. Cela me fait honte de vous ouïr parler de la sorte, et vous devriez un peu vous faire apprendre le bel air des choses.

GORGIBUS. — Je n'ai que faire ni d'air ni de chanson. Je te dis que le mariage est une chose sainte et sacrée, et que c'est faire en honnêtes gens que de débuter par là.

MAGDELON. — Mon Dieu, que, si tout le monde vous ressemblait, un roman serait bientôt fini! La belle chose que ce serait si d'abord Cyrus épousait Man-

ne signifie pas un procédé particulier. « Tout leur procédé, depuis que nous sommes venus à Paris, a trop marqué ce qui les touche. » (*Impr. de Vers.*, sc. 5.)

1. *S'accommoder de*, signifiant *trouver sa commodité dans*, et par suite *faire acquisition de*, *prendre pour son usage*, était un des néologismes condamnés par Henri Estienne dans ses *Deux Dialogues du langage français italianisé*. « On dit *s'accommoder de la bourse de quelqu'un*, quand on y met les quatre doigts et le pouce pour y pêcher à bon escient. » (Cité par Livet.)

2. Somaize, dans son *Dictionnaire des précieuses*, a enregistré cette expression d'après ce passage de Molière. Il est probable que c'est Sorel qui a introduit dans la langue littéraire le sens injurieux du mot bourgeois ; Livet cite cette phrase : « Lui et ses compagnons ouvrirent la bouche quasi tous ensemble pour m'appeler *bourgeois*, car c'est l'injure que cette canaille (les pages) donne à ceux qu'elle estime niais ou qui ne suivent point la Cour. » (Sorel, *Francion*.)

dane, et qu'Aronce de plain-pied fût marié à Clélie [1] !

GORGIBUS. — Que me vient conter celle-ci ?

MAGDELON. — Mon père, voilà ma cousine qui vous dira aussi bien que moi, que le mariage ne doit jamais arriver qu'après les autres aventures. Il faut qu'un amant, pour être agréable, sache débiter les beaux sentiments, pousser [2] le doux, le tendre et le passionné [3], et que sa recherche soit dans les formes. Premièrement, il doit voir au temple [4], ou à la promenade,

1. Cyrus et Mandane sont les héros d'*Artamène ou le Grand Cyrus* (1649-1653, 10 vol.), et Aronce et Clélie les héros de *Clélie, histoire romaine* (1654-1660, 10 vol.), les deux grands romans de Mlle de Scudéry. Celle-ci du reste n'avait pas inventé la formule, et d'Urfé avec les cinq volumes d'*Astrée*, Gomberville, avec les cinq volumes de *Polexandre*, La Calprenède, avec les dix volumes de *Cassandre* et les douze de *Cléopâtre*, avaient produit de beaux exemples d'amours fidèles. On a fait remarquer avec raison que Julie d'Angenne, la fille de Mme de Rambouillet, avait trente-huit ans quand elle se decida à épouser M. de Montausier, qui l'attendait depuis treize ans. C'est un indice évident que les vraies précieuses pouvaient se sentir atteintes par la comédie de Molière.

2. « Cet emploi de *pousser* ou d'un de ses dérivés se rencontre ailleurs dans Molière, et toujours avec une intention ironique.

Il nous ferait beau voir attachés face à face
A pousser les beaux sentiments !
(*Amphitr.*, v. 265.)

Héroïnes du temps, mesdames les savantes,
Pousseuses de tendresse et de beaux sentiments....
(*École des Fem.*, 244.) »

(Note de l'édition E. Despois et P. Mesnard.)

3. Ces *adjectifs substantivés* avaient été recommandés par Du Bellay et avaient été assez usités chez les poètes de la Pléiade. D'Aubigné, leur disciple, dit :

Dieu, qui d'un style vif, comme il te plaît, écris
Le secret plus obscur en l'obscur des esprits....
(*Tragiq.*, I, 44.)

De cet artifice littéraire, les *Précieuses* firent un tour de conversation : on le remarquera souvent dans cette comédie.

4. C'est-à-dire à l'église. On évitait par révérence de nommer les églises dans les comédies, et il y a quelque hardiesse à Molière d'avoir écrit :

Je ne remarque point qu'il hante les églises.
(*Tart.*, v. 525.)

ou dans quelque cérémonie publique, la personne dont il devient amoureux; ou bien être conduit fatalement[1] chez elle par un parent ou un ami, et sortir de là tout rêveur et mélancolique. Il cache un temps[2] sa passion à l'objet aimé, et cependant lui rend plusieurs visites, où l'on ne manque jamais de mettre sur le tapis une question galante[3] qui exerce les esprits de l'assemblée. Le jour de la déclaration arrive, qui se doit faire ordinairement dans une allée de quelque jardin, tandis que la compagnie s'est un peu éloignée; et cette déclaration est suivie d'un prompt courroux, qui paraît à notre[4] rougeur, et qui, pour un temps, bannit l'amant de notre présence. Ensuite, il trouve moyen de nous apaiser, de nous accoutumer insensiblement au discours[5] de sa passion, et de tirer de nous cet aveu qui

1. Tous ces grands amours sont écrits dans le livre du destin. L'adverbe est ironique. Molière ne croit pas à ces *fatalités* : il croit à la détermination sans prédestination.

2. La locution était usitée même en prose : « On crut même *un temps* que les affaires allaient changer de face. » (Racine, *Abrégé de l'histoire de Port-Royal.*)

3. Il suffit d'ouvrir le recueil des *Conversations* de Mlle de Scudéry pour avoir une idée de ces questions galantes : *De l'inclination*, *De l'Air galant*, *Contre l'indifférence* (*Convers. nouvelles*, 1684). Voici aussi quelques conversations de Clélie : *Sur l'amitié tendre et l'amour tendre*; *Sur les beautés enjouées, capricieuses et mélancoliques* (qui sont celles qui donnent le plus de plaisir à aimer?); *S'il faut que les belles aient de la coquetterie*; *Un amant doit-il obéir à un ordre injuste de sa maîtresse? S'il est plus dur d'être prisonnier de guerre que prisonnier d'amour*; *S'il est plus juste et plus difficile de haïr une inconstante qu'une insensible*; *S'il est plus doux d'aimer ou d'être aimée*, etc.

4. Insensiblement Madelon s'est confondue avec l'héroïne du roman.

5. M. Livet fait remarquer avec raison que *discours* au XVIIe siècle signifie ou *entretien*, ou *propos*, ou comme ici *exposé*. En ce dernier sens aussi, Racine écrit :

> Mais par où commencer? Vingt fois depuis huit jours
> J'ai voulu devant elle en ouvrir le discours.
>
> (*Bérén.*, v. 473.)

C'est par un faux sens qu'on voit une intention oratoire dans le titre de *Discours sur l'histoire universelle* : il n'y en a pas plus que dans le

fait tant de peine [1]. Après cela viennent les aventures, les rivaux qui se jettent à la traverse d'une inclination établie [2], les persécutions des pères, les jalousies conçues sur de fausses apparences, les plaintes, les désespoirs, les enlèvements [3], et ce qui s'ensuit. Voilà comme les choses se traitent dans [4] les belles manières, et ce sont des règles dont, en bonne galanterie, on ne saurait se dispenser. Mais en venir de but en blanc [5] à l'union conjugale, ne faire l'amour qu'en faisant le contrat du mariage [6], et prendre justement le roman par la queue! encore un coup, mon père, il ne se peut

Discours de la Méthode. Ce que nous appelons *discours* s'appelait en général *harangue*; et, quand on traduisait les anciens, on disait *oraison*. On disait aussi *oraison funèbre*. Lorsqu'on employait en ce sens le mot *discours*, on le déterminait à l'ordinaire par un adjectif : *oratoire*, ou *public*.

1. Entendez : *qu'on a tant de peine à lâcher*.

2. *Établie*, c'est-à-dire *assurée*, *affirmée*, *qui a trouvé une condition stable*.

> Non, vous avez trop bien établi ma disgrâce.
> (Racine, *Brit.*, 911.)

3. « Dans *le Grand Cyrus*, Mandane est enlevée quatre fois au moins; Diogène dit huit fois, dans *les Héros de roman* de Boileau, mais il comprend sans doute dans ce chiffre les tentatives d'enlèvement. » (Note de l'éd. Eug. Despois et P. Mesnard.)

4. *Dans* : selon, en restant dans ou agissant d'après....

> Ne l'examinons point dans la grande rigueur. (*Mis.*, 147.)

« Prépare-toi... à vivre dans un grand respect avec un homme de ma conséquence. » (*Médecin malgré lui*, III, 11.) — *En*, à la ligne suivante, a le même sens à peu près : Molière écrit aussi *en bonne foi* (*Mis.*, v. 779).

5. « Cela signifie depuis le lieu où l'on est posté pour tirer, jusqu'à celui où l'on doit tirer et où est attaché le blanc auquel on vise. » (Furetière.) Ainsi dans cette locution, le *but*, c'est le lieu où le tireur doit se placer. Il est plus que probable que *but* est ici pour *butte* : *de butte en blanc* c'est de la butte où est placée l'arquebuse ou le canon qui tire, jusqu'au blanc de la cible. Métaphoriquement, cela veut dire *directement*, *roidement*, sans détour ni préparation, comme vient un boulet de canon.

6. On discutait dans *Clélie* « s'il faut trouver une maîtresse dans une femme »; entendez, si l'amour peut exister dans le ménage.

rien de plus marchand [1] que ce procédé; et j'ai mal au cœur de la seule vision que cela me fait [2].

GORGIBUS. — Quel diable de jargon entends-je ici? Voici bien du haut style!

CATHOS. — En effet, mon oncle, ma cousine donne dans le vrai [3] de la chose. Le moyen de bien recevoir des gens qui sont tout à fait incongrus [4] en galanterie? Je m'en vais gager qu'ils n'ont jamais vu la carte de Tendre [5] et que Billets-Doux, Petits-Soins, Billets-

1. *Marchand* : variante du *bourgeois* de tout à l'heure. L'application semble être de Molière.

2. *Faire*, au sens de *causer* ou *occasionner*.

> Retiens, grande ombre de Maurice,
> Mon âme au bord du précipice
> Que cette obscurité lui fait.
>
> (Corn., *Héracl.*, 1545.)

3. Cf. p. 61, note 3.

4. Terme enregistré par Somaize dans son *Grand Dictionnaire des précieuses*. *Incongru* et *incongruité* étaient au XVIe siècle les termes de grammairiens qui s'appliquaient aux fautes du langage. On trouve incongru dès le XIVe siècle.

5. La carte de Tendre était une plaisanterie de société, par laquelle Mlle de Scudéry voulait signifier à Pellisson « qu'il n'était pas encore prêt d'être mis au nombre de ses tendres amis ». (Tallemant.) Cela eut tant de succès que Mlle de Scudéry l'inséra dans *Clélie* (t. I, p. 399). Voici comment Célère explique à la princesse des Léontins ce badinage envoyé par Clélie à Herminius : « Afin que vous compreniez mieux le dessein de Clélie, vous verrez qu'elle a imaginé qu'on peut avoir de la tendresse pour trois causes différentes, ou par une grande estime, ou par reconnaissance, ou par inclination, et c'est ce qui l'a obligée d'établir ces trois villes de Tendre sur trois rivières qui portent ces trois noms et de faire aussi trois routes differentes pour y aller.... Cependant, comme elle a présupposé que la tendresse qui naît par inclination n'a besoin de rien autre chose pour être ce qu'elle est, Clélie, comme vous le voyez, Madame, n'a mis nul village le long des bords de cette rivière, qui va si vite qu'on n'a que faire de logement le long de ses rives pour aller de Nouvelle-Amitié à Tendre. Mais pour aller à Tendre-sur-Estime il n'en est pas de même. Car Clélie a mis ingénieusement autant de villages qu'il y a de petites et de grandes choses qui peuvent contribuer à faire naître par estime cette tendresse dont elle entend parler. » En conséquence l'itinéraire de Nouvelle-Amitié à Tendre-sur-Estime est tracé par les villages de Grand-Esprit,

Galants et Jolis-Vers sont des terres inconnues pour eux. Ne voyez-vous pas que toute leur personne marque cela, et qu'ils n'ont point cet air qui donne d'abord bonne opinion des gens? Venir en visite amoureuse avec une jambe toute unie [1], un chapeau désarmé de plumes, une tête irrégulière en cheveux, et un habit qui souffre une indigence de rubans...! mon Dieu, quels amants sont-ce là! Quelle frugalité d'ajustement et quelle sécheresse de conversation [2]! On n'y dure point, on n'y tient pas. J'ai remarqué encore que leurs

Jolis-Vers, Billet-Galant, Billet-Doux, Sincérité, Grand-Cœur, Probité, Générosité, Exactitude, Respect, et Bonté. De même, pour venir de Nouvelle-Amitié à Tendre-sur-Reconnaissance, il faut passer par Complaisance, Soumission, Petits-Soins, Assiduité, Empressement, Grands-Services, Sensibilité, Tendresse, Obéissance, Constante-Amitié. « Mais, Madame, comme il n'y a point de chemin où l'on ne se puisse égarer, Clélie a fait, comme vous le pouvez voir, que si ceux qui sont à Nouvelle-Amitié prenaient un peu plus à droite, un peu plus à gauche, ils s'égareraient aussi. » En effet, à droite, on tombe dans les villages de Négligence, Inégalité, Tiédeur, Légèreté, Oubli, et l'on aboutit au lac d'Indifférence; à gauche, on rencontre Indiscrétion, Orgueil, Perfidie, Médisance, Méchanceté, et l'on va se noyer dans les vagues sombres de la Mer d'inimitié. « Ainsi elle (Clélie) fait voir par ces routes différentes qu'il faut avoir mille bonnes qualités pour l'obliger à avoir une amitié tendre, et que ceux qui en ont des mauvaises ne peuvent avoir part qu'à sa haine ou à son indifférence. Aussi cette sage fille, voulant faire connaître sur cette carte qu'elle n'avait jamais eu d'amour et qu'elle n'aurait jamais dans le cœur que de la tendresse, fait que la rivière d'Inclination se jette dans une mer qu'on appelle la mer Dangereuse, parce qu'il est assez dangereux à une femme d'aller un peu au delà des dernières bornes de l'amitié; et elle fait ensuite qu'au delà de cette mer, c'est ce que nous appelons Terres inconnues, parce qu'en effet nous ne savons point ce qu'il y a..... Elle (cette carte) fit un si grand bruit par le monde, qu'on ne parlait que de la Carte de Tendre. Tout ce qu'il y avait de gens d'esprit à Capoue (Paris) écrivirent quelque chose à la louange de cette carte, soit en vers, soit en prose. »

1. Sans canons : Molière s'est moqué souvent de la mode des grands canons (*Éc. des Maris*, I, 1, et ailleurs).

2. Encore des expressions recueillies par Somaize. — La métaphore nouvelle et les expressions outrées sont caractéristiques du goût précieux.

rabats [1] ne sont pas de la bonne faiseuse [2], et qu'il s'en faut plus d'un grand demi-pied que leurs hauts-de-chausses [3] ne soient assez larges.

GORGIBUS. — Je pense qu'elles sont folles toutes deux, et je ne puis rien comprendre à ce baragouin [4]. Cathos, et vous, Magdelon....

MAGDELON. — Eh! de grâce, mon père, défaites-vous de ces noms étranges, et nous appelez autrement.

GORGIBUS. — Comment, ces noms étranges! Ne sont-ce pas vos noms de baptême?

MAGDELON. — Mon Dieu, que vous êtes vulgaire! Pour moi, un de mes étonnements, c'est que vous ayez pu faire une fille si spirituelle que moi. A-t-on jamais parlé dans le beau style de Cathos ni de Magdelon? et ne m'avouerez-vous pas que ce serait assez d'un de ces noms pour décrier le plus beau roman du monde?

CATHOS. — Il est vrai, mon oncle, qu'une oreille un peu délicate pâtit furieusement [5] à entendre prononcer ces mots-là; et le nom de Polyxène que ma cousine a

1. Le *rabat* est le collet, plat et rond, qui avait succédé aux fraises devenus gothiques.

2. Molière (*Fâch.*, I, 1) appelle *faiseur* un fabricant de carrosses.

3. Cathos voudrait qu'on portât les larges *hauts-de-chausses à la Candale*, récemment mises à la mode par le petit maître de ce nom. Molière les appelle des cotillons par moquerie dans l'*École des Maris* (I, 1).

4. *Baragouin* est dans Rabelais (II, 9); *baragouiner* dans Montaigne. Ces mots peuvent être très anciens dans la langue populaire. *Baragouin* serait forgé du bas breton, *bara*, pain, et *gwin*, vin, deux mots que les Français trouvaient souvent dans le langage des Bretons, inintelligible pour eux.

5. Extension neuve et cherchée de l'emploi de pâtir. — *Furieusement* ou *terriblement*, pour *beaucoup*, n'est pas une innovation des précieuses. D'Aubigné, dans *le Baron de Fœneste*, notait ces adverbes comme à la mode parmi les courtisans. Mais les précieuses s'étaient approprié cette façon de parler, comme Sorel l'avait déjà remarqué dans ses *Lois de la Galanterie*.

choisi, et celui d'Aminte que je me suis donné, ont une grâce dont il faut que vous demeuriez d'accord [1].

GORGIBUS. — Écoutez, il n'y a qu'un mot qui serve : je n'entends point que vous ayez d'autres noms que ceux qui vous ont été donnés par vos parrains et marraines; et pour ces messieurs dont il est question, je connais leurs familles et leurs biens, et je veux résolument que vous vous disposiez à les recevoir pour maris [2]. Je me lasse de vous avoir sur les bras, et la garde de deux filles est une charge un peu trop pesante pour un homme de mon âge.

CATHOS. — Pour moi, mon oncle, tout ce que je vous puis dire, c'est que je treuve [3] le mariage une chose tout à fait choquante.

MAGDELON. — Souffrez que nous prenions un peu haleine parmi le beau monde de Paris, où nous ne fai-

1. Ainsi Racan avait imposé à Mme de Rambouillet le nom d'Arthénice; et Mlle de Scudéry, dans ses deux romans, désignait par des noms persans, grecs ou romains les personnes illustres de la société précieuse. Elle se donnait à elle-même le nom de Sapho. On conçoit que ces deux pecques provinciales, qui n'ont jamais vu le beau monde, et qui ne le connaissent que par les romans et la littérature, croient de bon ton de prendre des noms de fantaisie. — Le nom de Polyxène est emprunté à un roman du sieur de Molière paru en 1630; celui d'Aminte ne vient pas de Tasse (en italien, c'est un nom d'homme), mais sans doute de Gomberville, qui l'a donné dans son *Polexandre* à une confidente d'Alcidiane. — Dans le *Récit de la Farce des Précieuses*, Mlle Desjardins donne au lieu de ces deux noms les noms de *Clymène* et *Philimène* : est-ce par erreur? ou Molière a-t-il changé les noms pour l'impression? Je l'ignore.

2. Cathos et Magdelon sont deux sottes, que Molière ridiculise : mais il n'idéalise pas pour cela leur oncle et père; il lui garde le caractère autoritaire et attaché à l'argent, qui lui a paru être dans la vie le trait distinctif des pères. Gorgibus, pour marier les deux jeunes filles, ne procède pas autrement que Philaminte, Orgon, M. Jourdain, Harpagon, dont Molière raille le despotisme égoïste ou intéressé.

3. Il est intéressant de trouver encore cette forme, ici, hors de toute nécessité de rime. Vaugelas concédait *treuver* aux poètes. « Mais, en prose, nos bons auteurs écrivent *trouver* avec *o*, et l'on ne dit point autrement à la cour. » (*Remarques*.)

sons que d'arriver. Laissez-nous faire à loisir le tissu de notre roman, et n'en pressez point tant la conclusion.

GORGIBUS. — Il n'en faut point douter, elles sont achevées [1]. Encore un coup, je n'entends rien à toutes ces balivernes [2]; je veux être maître absolu; et pour trancher toutes sortes de discours, ou vous serez mariées toutes deux avant qu'il soit peu, ou, ma foi! vous serez religieuses : j'en fais un bon serment.

SCÈNE V

CATHOS, MAGDELON

CATHOS. — Mon Dieu! ma chère [3], que ton père a la forme enfoncée dans la matière [4]! que son intelligence est épaisse, et qu'il fait sombre dans son âme!

1. *Achevé*, plaisamment, pour *fol achevé*. « Le petit voyage qu'elle a fait à Paris l'a ramenée dans Angoulême plus achevée qu'elle n'était. » (*Escarbagnas*, sc. I.)

2. *Balivernes* est dans Rabelais (I, 24) : on ignore l'origine du mot.

3. « *Ma chère* était un mot dont abusaient les précieuses; aussi les appelait-on parfois des *chères* : « Le moindre de tous ces accidents ferait tomber en syncope ces Rares, ces *Chères*, ces Incomparables, inconnues aux siècles passés. » (Dial. de la Muse et de la Nature, 2e éd., 1662, p. 30. Note de Livet.)

4. Jargon philosophique. La précieuse ici contient le germe de la femme savante. La forme, « c'est, selon Aristote, le second principe qui étant joint à la matière compose tous les corps naturels. La forme d'un être est ce qui le fait être en particulier ce qu'il est, et qui le rend différent de toute autre chose. » (Furetière.) Cathos emploie au petit bonheur ces termes philosophiques : elle prend *matière* dans le sens où il s'oppose à *esprit*, et à la place du mot *esprit*, trop commun, elle choisit le mot savant et distingué, *forme*, qu'elle ne comprend guère. Somaize, naturellement, enregistre la phrase.

MAGDELON. — Que veux-tu, ma chère? J'en suis en confusion pour lui. J'ai peine à me persuader que je puisse être véritablement sa fille, et je crois que quelque aventure, un jour, me viendra développer une naissance plus illustre [1].

CATHOS. — Je le croirais bien; oui, il y a toutes les apparences du monde; et pour moi, quand je me regarde aussi....

SCÈNE VI

MAROTTE, CATHOS, MAGDELON

MAROTTE. — Voilà un laquais qui demande si vous êtes au logis, et dit que son maître vous veut venir voir.

MAGDELON. — Apprenez, sotte, à vous énoncer moins vulgairement. Dites : « Voilà un nécessaire [2] qui demande si vous êtes en commodité d'être visibles. »

1. Voilà où apparait la portée morale du travers des Précieuses, qu'on croirait inoffensif : ces deux sottes, nourriés de romans, méprisent leurs parents moins cultivés; l'affection filiale, donc la famille, sont menacées par ce ridicule.

2. On disait : *faire le nécessaire*, *trancher du nécessaire*. Molière, parmi des personnages de son *Impromptu de Versailles*, introduit plusieurs *nécessaires*, c'est-à-dire gens faisant les nécessaires. Mais ce qui conduit le plus directement à l'emploi fait dans les *Précieuses*, est un passage de Loret cité par Livet :

> ... Quoique je sois sans office,...
> Capitaine ni courtisan,
> Homme d'intrigue ni d'affaire,
> Domestique ni nécessaire,
> Je suis ravi d'être à la Cour.
>
> (Loret, *Muse historique*, 4 sept. 1655.)

MAROTTE. — Dame! je n'entends point le latin, et je n'ai pas appris, comme vous, la filofie dans *le Grand Cyre* [1].

MAGDELON. — L'impertinente! Le moyen de souffrir cela? Et qui est-il, le maître de ce laquais?

MAROTTE. — Il me l'a nommé le marquis de Mascarille.

MAGDELON. — Ah! ma chère, un marquis! Oui, allez dire qu'on nous peut voir. C'est sans doute un bel esprit qui aura ouï parler de nous.

CATHOS. — Assurément, ma chère.

MAGDELON. — Il faut le recevoir dans cette salle basse, plutôt qu'en notre chambre. Ajustons un peu nos cheveux au moins, et soutenons notre réputation. Vite, venez nous tendre ici dedans le conseiller des grâces [2].

MAROTTE. — Par ma foi, je ne sais point quelle bête c'est là : il faut parler chrétien si vous voulez que je vous entende.

CATHOS. — Apportez-nous le miroir, ignorante que vous êtes, et gardez-vous bien d'en salir la glace par la communication de votre image.

1. Marotte est une ébauche de Martine.

2. « Je pourrais ajouter ici que l'excellence du miroir paraît encore en ce qu'il est le plus fidèle conseiller de la beauté, ainsi que le poète l'appelle. » (*Les plaisirs des Dames*, par M. de Grenaille, 1641, in-4, p. 78.) « Le poète, c'est sans doute Martial qui commence l'épigramme XVII du livre X par ces mots : *Consilium formæ speculum* (Miroir, conseiller de la beauté). » (Note de l'éd. Despois et Mesnard.) Somaize a enregistré l'expression. Elle était du reste déjà textuellement dans Amadis Jamyn :

> Au cristal d'un miroir conseiller de leurs grâces.

La Fontaine la recueillera et lui ôtera son ridicule, ne lui laissant que son ingénieuse finesse.

> Les conseillers muets dont se servent nos dames.
> (*Fables*, I, 24.)

SCÈNE VII

MASCARILLE [1], DEUX PORTEURS [2]

MASCARILLE. — Holà, porteurs, holà! Là, là, là, là, là, là. Je pense que ces marauds-là [3] ont dessein de me briser à force de heurter contre les murailles et les pavés.

1. PORTEUR. — Dame! c'est que la porte est étroite : vous avez voulu aussi que nous soyons entrés jusqu'ici.

MASCARILLE. — Je le crois bien. Voudriez-vous, faquins [4], que j'exposasse l'embonpoint de mes plumes

1. Dans son *Récit de la Farce des Précieuses*, Mlle Desjardins nous décrit ainsi la figure du marquis de Mascarille, tel que Molière le rendait :

« Imaginez-vous donc, Madame, que sa perruque étoit si grande, qu'elle balayoit la place à chaque fois qu'il faisoit la révérence, et son chapeau si petit, qu'il étoit aisé de juger que le marquis le portoit bien plus souvent dans la main que sur la tête; son rabat se pouvoit appeler un honnête peignoir, et ses canons sembloient n'être faits que pour servir de caches aux enfants qui jouent à cligne-musette; et en vérité, Madame, je ne crois pas que les tentes des jeunes Massagètes soient plus spacieuses que ses honorables canons. Un brandon de galands lui sortoit de sa poche comme d'une corne d'abondance, et ses souliers étoient si couverts de rubans, qu'il ne m'est pas possible de vous dire s'ils étoient de roussi, de vache d'Angleterre ou de maroquin; du moins sais-je bien qu'ils avoient un demi-pied de haut, et que j'étois fort en peine de savoir comment des talons si hauts et si délicats pouvoient porter le corps du marquis, ses rubans, ses canons et sa poudre. Jugez de l'importance du personnage sur cette figure. »

2. La chaise était d'invention assez récente. Selon Sauval, allégué dans l'éd. Despois, la reine Marguerite, femme de Henri IV, fut la première à user de la chaise découverte. Les chaises couvertes furent introduites d'Angleterre sous Louis XIII, et le sieur de Souscarrière qui les avait fait connaître en eut le privilège en 1639 avec M. de Cavoye, capitaine des gardes de Richelieu.

3. *Maraud* apparaît dans la littérature au XVe siècle, sans qu'on en connaisse l'origine.

4. *Faquin*, entré dans la langue française au XVIe siècle (de l'italien *facchino*, portefaix), avait encore parfois au XVIIe siècle son sens propre : mais ici, comme en général, il a un sens simplement injurieux.

aux inclémences de la saison pluvieuse, et que j'allasse imprimer mes souliers en boue? Allez, ôtez votre chaise d'ici.

2. PORTEUR. — Payez-nous donc, s'il vous plaît, monsieur.

MASCARILLE. — Hem?

2. PORTEUR. — Je dis, monsieur, que vous nous donniez de l'argent, s'il vous plaît.

MASCARILLE, lui donnant un soufflet. — Comment, coquin, demander de l'argent à une personne de ma qualité!

2. PORTEUR. — Est-ce ainsi qu'on paye les pauvres gens! et votre qualité nous donne-t-elle à dîner?

MASCARILLE. — Ah! ah! ah! je vous apprendrai à vous connaître! Ces canailles-là s'osent jouer à moi.

1. PORTEUR, prenant un des bâtons de sa chaise. — Çà, payez-nous vitement [1]!

MASCARILLE. — Quoi?

1. PORTEUR. — Je dis que je veux avoir de l'argent tout à l'heure [2].

MASCARILLE. — Il [3] est raisonnable.

1. PORTEUR. — Vite donc.

MASCARILLE. — Oui-da. Tu parles comme il faut, toi; mais l'autre est un coquin qui ne sait ce qu'il dit. Tiens : es-tu content?

1. PORTEUR. — Non, je ne suis pas content : vous avez donné un soufflet à mon camarade, et [4]....

MASCARILLE. — Doucement. Tiens, voilà pour le soufflet. On obtient tout de moi quand on s'y prend de

1. Furetière note que *vitement* pour *vite* « n'est en usage que dans la conversation ».

2. C'est-à-dire *sur l'heure*, *immédiatement*, et non dans le sens actuel, *bientôt*. Cet emploi est ordinaire au XVIIe siècle.

3. Molière veut dire probablement : *Cela est raisonnable*. La variante de l'éd. de 1682 donne un autre sens : « Il est raisonnable, celui-là. »

4. On voit ici comment ces masques de farce permettaient une satire plus hardie. Jamais, sauf dans *Dom Juan*, Molière ne peindra ainsi les rapports de l'homme de qualité et du peuple.

la bonne façon. Allez, venez me reprendre tantôt pour aller au Louvre, au petit coucher [1].

SCÈNE VIII

MAROTTE, MASCARILLE

MAROTTE. — Monsieur, voilà mes maîtresses qui vont venir tout à l'heure.

MASCARILLE. — Qu'elles ne se pressent point : je suis ici posté [2] commodément pour attendre.

MAROTTE. — Les voici.

SCÈNE IX

MAGDELON, CATHOS, MASCARILLE, ALMANZOR

MASCARILLE, après avoir salué. — Mesdames [3], vous serez surprises, sans doute, de l'audace de ma visite ; mais votre réputation vous attire cette méchante affaire, et le mérite a pour moi des charmes si puissants, que je cours partout après lui.

MAGDELON. — Si vous poursuivez le mérite, ce n'est pas sur nos terres que vous devez chasser.

1. Voir dans Livet (au mot *coucher*) la curieuse description du grand et du petit coucher du roi, extraits de l'*État de la France*. Il ne restait au petit coucher que quelques princes et grands officiers, avec quelques courtisans favoris que le roi voulait distinguer. Racine fut admis au petit lever et au petit coucher. Mascarille se signale donc par ces mots comme une personne de marque.

2. On voit par divers passages de Loret que *poster* commençait à se dire pour *placer*, et je ne crois pas nécessaire de voir là un terme de guerre par lequel Mascarille voudrait se faire valoir.

3. *Madame* ordinairement s'appliquait aux femmes nobles, et une bourgeoise mariée s'appelait Mademoiselle. Pourtant on appelait Madame souvent la maîtresse du logis ; on s'en servait aussi en parlant à plusieurs femmes, même bourgeoises. On a noté que Racine, dans les suscriptions de ses lettres, appelle sa sœur Madame tant qu'elle n'est pas mariée, et Mademoiselle quand elle a épousé M. Rivière.

CATHOS. — Pour voir chez nous le mérite, il a fallu que vous l'y ayez amené.

MASCARILLE. — Ah! je m'inscris en faux contre vos paroles. La renommée accuse [1] juste en contant ce que vous valez; et vous allez faire pic, repic et capot [2] tout ce qu'il y a de galant dans Paris.

MAGDELON. — Votre complaisance pousse un peu trop avant la libéralité de ses louanges [3]; et nous n'avons garde, ma cousine et moi, de donner de notre sérieux [4] dans le doux de votre flatterie.

CATHOS. — Ma chère, il faudrait faire donner des sièges.

MAGDELON. — Holà, Almanzor!

ALMANZOR. — Madame.

MAGDELON. — Vite, voiturez-nous ici les commodités de la conversation [5].

MASCARILLE. — Mais au moins, y a-t-il sûreté ici pour moi?

CATHOS. — Que craignez-vous?

1. *Accuser* est pris ici dans le sens désarmé de *révéler*, *indiquer*. Racine a fait emploi de cette signification :

... Son silence même accusant sa noblesse. (*Iph.*, v. 241.)

2. « *Pic* se dit... au jeu de piquet quand le premier qui joue peut compter trente points sans que son adversaire en compte aucun : ... alors il en compte (*marque*) 60 au lieu de 30. Le *repic*, c'est quand on compte 30 sur table sans jouer; alors on compte 90.... *Capot*... se dit quand l'un des joueurs lève toutes les cartes; et alors il gagne 40 points. » (*Dict.* de Furetière, 1690, cité dans l'éd. Despois et Mesnard.) Cette métaphore de joueur est assez vulgaire, et elle suffirait pour révéler à nos deux précieuses, si elles étaient plus habituées au monde, que leur visiteur a plus hanté les tripots que les salons.

3. Phrase notée par Somaize comme précieuse, ainsi que la suivante.

4. *Sérieux*, comme substantif, était une nouveauté. Balzac avait risqué *sériosité*. Vaugelas reculait devant *sériosité*, sans oser approuver *sérieux*. « Quoique cette façon de parler soit très fréquente à Paris, elle ne laisse pas de déplaire à beaucoup d'oreilles délicates. » Quinze ans après, Boileau, puis Thomas Corneille, et l'Académie enregistraient *sérieux* comme un mot excellent et « au gré de tout le monde ».

5. Fauteuils.

MASCARILLE. — Quelque vol de mon cœur, quelque assassinat de ma franchise [1]. Je vois ici des yeux qui ont la mine d'être de fort mauvais garçons [2], de faire insulte aux libertés, et de traiter une âme de Turc à More [3]. Comment diable, d'abord qu'on [4] les approche, ils se mettent sur leur garde meurtrière [5]? Ah! par ma foi, je m'en défie, et je m'en vais gagner au pied [6], ou je veux caution bourgeoise [7] qu'ils ne me feront point de mal.

1. *Franchise* (liberté) était du langage courant de la littérature galante. « Toute la faute que tu commets vient de ce que tu as encor ta *franchise*. O quel prodige que de voir un berger si libre! » (*Astrée*, t. I, p. 404.)

2. *Mauvais garçon* voulait dire un *homme brutal.*

> Gardons-nous, ce vieillard est fort mauvais garçon.
> (D'Ouville, *Coiffeuse à la mode*, IV, I.)
>
> Enfonce ton bonnet en méchant garçon.
> (*Fourb. de Scapin*, I, 5.)

Selon Furetière, on donnait ce nom aux fripons et aux débauchés. Il y avait à Paris une *rue des Mauvais-Garçons.* — *Avoir la mine*, est noté comme expression nouvelle, par Sorel (cf. E. Roy, *Étude sur Ch. Sorel*, p. 287).

3. « *Traiter de Turc à More*, c'est-à-dire avec rigueur et sans quartier, comme les Turcs traitent les Mores. » (Richelet, *Diction.*, 1680.) Voiture avait écrit à Mlle Paulet : « Quand je traiterai désormais avec vous, faites état que c'est de Turc à More. » (Cité par Livet.)

4. *D'abord que* : aussitôt que. La locution était assez usuelle. « D'abord que je vous aime. » (Scarron, *Roman comique*, I, 11.) Molière en a fait emploi assez souvent.

5. L'expression ne paraît pas être une expression technique. La locution consacrée est *être, se mettre, se tenir sur ses gardes* (cf. *Dom Juan*, III, 2). Il est probable que Mascarille raffine sur l'expression usuelle par l'addition de l'épithète pittoresque.

6. *M'enfuir.* Molière notait le mot comme *bas et populaire* dans Desportes. Les exemples que donne Livet sont tous du style comique et burlesque. Mascarille sert aux Précieuses bien des locutions qui sont du langage des laquais en belle humeur.

7. « *Caution bourgeoise*, qui est d'un bourgeois et habitant de ville, idoine et solvable... pour pleiger un débiteur. » (De Laurière, *Glossaire du droit français*, cité par l'éd. Despois et Mesnard.)

MAGDELON. — Ma chère, c'est le [1] caractère enjoué.

CATHOS. — Je vois bien que c'est un Amilcar [2].

MAGDELON. — Ne craignez rien : nos yeux n'ont point de mauvais desseins, et votre cœur peut dormir en assurance sur leur prud'homie [3].

CATHOS. — Mais de grâce, monsieur, ne soyez pas inexorable à ce fauteuil qui vous tend les bras il y a un quart d'heure; contentez un peu l'envie qu'il a de vous embrasser.

MASCARILLE, après s'être peigné et avoir ajusté ses canons [4]. — Eh bien, mesdames, que dites-vous de Paris?

MAGDELON. — Hélas! qu'en pourrions-nous dire? Il faudrait être l'antipode [5] de la raison, pour ne pas

1. Cet article *le* est à noter. Tous les caractères sont définis et catalogués dans l'esprit romanesque de Magdelon.

2. Le Carthaginois *Amilcar*, dans *Clélie*, est un amant enjoué et d'agréable humeur. Mlle de Scudéry avait sous ce nom voulu désigner le bel esprit et poète Sarrazin.

3. La *prud'homie*, c'était la sagesse vertueuse. Le mot avait un sens très plein et très fort. « O que le visage dissimulé de la prud'hommie couvre et nous fait méconnaître de vices! » (L'*Astrée*, II, p. 261.) Il commençait à vieillir, et Mme de Sévigné l'employait un peu plus tard en badinant, dans une phrase volontairement précieuse. « Me voilà prête à m'embarquer sur votre Loire.... Quoique votre Rhône soit terrible, je voudrais être aussi près de me confier à sa prud'homie. » (IV, 126.)

4. « Après que vous serez ami et que vous aurez fait vos premiers compliments, il sera bienséant de tirer de votre poche un grand peigne de corne, et de peigner doucement vos cheveux. » (Ch. Sorel, *Lois de la galanterie*, p. 82, éd. de 1658.) « L'extravagance des canons devient plus insupportable que jamais. On les porte d'une certaine toile blanche rayée, et on les fait d'une si horrible et si monstrueuse largeur, qu'on en est tout à fait contraint et contrefait en sa démarche. » (M. M. de Villiers, *Journal d'un voyage à Paris*, 1658. Cité dans l'éd. Despois et Mesnard.)

5. Le mot, en son sens propre, est entré dans la langue au XVIe siècle. (Cf. Hatzfeld, Darmesteter et Thomas, *Dict. de la l. franç.*) Mme de Sévigné dira, presque aussi précieusement que Magdelon : « Dès ce moment je me mis à respirer et à songer qu'il y avait au monde l'antipode de notre beau père, qui s'appelait M. de Montceau. »

confesser que Paris est le grand bureau[1] des merveilles, le centre du bon goût, du bel esprit et de la galanterie.

MASCARILLE. — Pour moi, je tiens que hors de Paris, il n'y a point de salut pour les honnêtes gens.

CATHOS. — C'est une vérité incontestable.

MASCARILLE. — Il y fait un peu crotté; mais nous avons la chaise[2].

MAGDELON. — Il est vrai que la chaise est un retranchement merveilleux contre les insultes de la boue et du mauvais temps.

MASCARILLE. — Vous recevez beaucoup de visites : quel bel esprit est des vôtres?

MAGDELON. — Hélas! nous ne sommes pas encore connues; mais nous sommes en passe de l'être, et nous avons une amie particulière qui nous a promis d'amener ici tous ces messieurs du *Recueil des pièces choisies*[3].

CATHOS. — Et certains autres qu'on nous a nommés

1. *Bureau* signifie ici non pas *réunion* ou *assemblée*, comme le dit Livet, mais plutôt comme dans *bureau d'adresse*, l'agence ou le magasin des merveilles, le *bureau* où il faut s'adresser pour les trouver.

2. « C'est une chose infâme que de couler de son pied d'un bout de la ville à l'autre, et rien de si laid que d'entrer crotté chez les dames. Vous pouvez, vous devez, pour le plus sûr, vous faire porter en chaise, dernière et nouvelle commodité si utile, qu'ayant été enfermé là dedans, sans se gâter le long des chemins, l'on peut dire que l'on en sort aussi propre que si l'on sortait de la boîte d'un enchanteur. » (Sorel, *Lois de la galanterie*, d'après Roy, ouv. cité, p. 282.) Le bonhomme Chapelain, qui ne prenait pas de chaise, par économie, attendait qu'il gelât bien fort pour aller faire visite à un ami dont le domicile était éloigné du sien.

3. Les *Lois de la galanterie*, dont on a vu des extraits, avaient été publiées dans le *Nouveau recueil des pièces les plus agréables de ce temps* (Nic. de Sercy, 1644, in-8). Elles avaient reparu dans le premier volume du *Recueil des pièces en prose les plus agréables de ce temps* par divers auteurs. (Ch. de Sercy, 1658, in-12.) Charles de Sercy avait aussi publié des *Poésies choisies de MM. Corneille, Benserade, de Scudéry, Boisrobert...* et de plusieurs autres, dont cinq volumes avaient paru avant 1662. C'est à ce recueil que les contemporains mêmes appliquèrent l'allusion de Molière.

aussi pour être les arbitres souverains[1] des belles choses.

MASCARILLE. — C'est moi qui ferai votre affaire mieux que personne : ils me rendent tous visite ; et je puis dire que je ne me lève jamais sans une demi-douzaine de beaux esprits.

MAGDELON. — Eh ! mon Dieu, nous vous serons obligées de la dernière obligation, si vous nous faites cette amitié ; car enfin il faut avoir la connaissance de tous ces messieurs-là, si l'on veut être du beau monde[2]. Ce sont ceux qui donnent le branle[3] à la réputation dans Paris, et vous savez qu'il y en a tel dont il ne faut que la seule fréquentation pour vous donner bruit[4] de connaisseuse, quand il n'y aurait rien autre chose que cela. Mais pour moi, ce que je considère particulièrement, c'est que, par le moyen de ces visites spirituelles, on est instruite de cent choses qu'il faut

1. L'expression est très choisie, et du haut style. Pétrone avait été appelé *arbiter elegantiarum*, l'arbitre du bon goût : ce qui a fourni le modèle des expressions françaises. Racine dira dans la tragédie :

Il vous fait de mon sort arbitre souveraine (*Brit.*, 1488).

2. « En 1640, le *beau monde* signifie les belles dames, et l'on dit le *grand monde* pour les personnes de condition. En 1659, les deux expressions sont confondues. » (Em. Roy, *Ch. Sorel*, p. 278, sc. 4.) Mais le *beau monde* n'est le *grand monde* que lorsqu'il s'agit de mettre en lumière la supériorité de la politesse qui appartient à la haute société.

3. L'expression *donner le branle* était en usage avant et le resta après la préciosité. « Maître Pasquier qui a donné le branle à tous les accusateurs de cet ordre, reproche trois choses aux Jésuites. » (Le P. Garasse.) « Martin Luther... donne le branle à ces mouvements. » (Bossuet.) Cf. Livet. L'affectation n'est pas l'expression *donner le branle*, mais dans l'emploi qu'en fait Magdelon en parlant de la réputation commençante.

4. *Bruit*, réputation. « Elle eut le bruit à la cour de n'avoir pas sa pareille. » (Marguerite de Navarre, *Heptaméron*, 15e nouv.) Ce sens du mot resta jusqu'à la fin du siècle. « C'est un petit garçon qui a bien le meilleur *bruit* qu'on puisse jamais souhaiter. » (Sévigné, t. IV, p. 178.)

savoir de nécessité, et qui sont de l'essence[1] d'un bel esprit. On apprend par là chaque jour les petites nouvelles galantes, les jolis commerces de prose et de vers. On sait à point nommé : « Un tel a composé la plus jolie pièce du monde sur un tel sujet; une telle a fait des paroles sur un tel air; celui-ci a fait un madrigal sur une jouissance; celui-là a composé des stances sur une infidélité[2]; monsieur un tel écrivit hier au soir un sixain à mademoiselle une telle, dont elle lui a envoyé la réponse ce matin sur les huit heures; un tel auteur a fait un tel dessein; celui-là en est à la troisième partie de son roman; cet autre met ses ouvrages sous la presse. » C'est là ce qui vous fait valoir dans les compagnies; et si l'on ignore ces choses, je ne donnerais pas un clou de tout l'esprit qu'on peut avoir[3].

CATHOS. — En effet, je trouve que c'est renchérir sur le ridicule, qu'une personne se pique d'esprit et ne sache pas jusqu'au moindre petit quatrain qui se fait chaque jour; et pour moi, j'aurais toutes les hontes du monde s'il fallait qu'on vînt à me demander si j'aurais vu quelque chose de nouveau que je n'aurais pas vu.

1. *Essence* était dans la langue depuis le XIIe ou le XIIIe siècle. Quand Malherbe (cité par Livet) écrit : *Je vous veux faire trouver bon que j'use du mot* d'essence..., c'est Sénèque qui parle dans la traduction française; et la citation peut induire en erreur. L'affectation est ici dans l'emploi, pour la conversation, d'un terme spécial, propre jusque-là à la théologie et à la philosophie.

2. Il est vrai que l'on trouve de pareilles choses dans le recueil des *Poésies choisies* : mais il est vrai que rien n'était plus banal depuis tantôt un siècle que les thèmes de la jouissance ou de l'infidélité. Nos provinciales retardent.

3. Ce dernier trait accuse la perversion du sens commun. Tout ce qui précède, une précieuse, et en général bien des gens du monde le diraient; mais le trait final, c'est ce qu'on ne dit pas, ce dont on n'a pas toujours une claire conscience, et qui est pourtant au fond de ce qu'on dit : le poète comique le dégage, et l'ajoute; du coup, il fait saillir l'absurdité, le profond ridicule de ces propos de caillettes.

MASCARILLE. — Il est vrai qu'il est honteux de n'avoir pas des premiers tout ce qui se fait; mais ne vous mettez pas en peine : je veux établir chez vous une Académie [1] de beaux esprits, et je vous promets qu'il ne se fera pas un bout [2] de vers dans Paris que vous ne sachiez par cœur avant tous les autres. Pour moi, tel que vous me voyez, je m'en escrime [3] un peu quand je veux; et vous verrez courir de ma façon, dans les belles ruelles [4] de Paris, deux cents chansons, autant

1. Mme de Rambouillet faisait tout pour que les assemblées qui se faisaient chez elle restassent une réunion mondaine, et n'eussent point l'air d'une académie. Toutes les femmes, il est vrai, n'avaient pas sa discrétion, et, sans parler de Mlle de Scudéry, qui recevait surtout des gens de lettres, certaines grandes dames établissaient chez elles des façons d'académie. Chapelain, interprète de la pensée de Mme de Rambouillet, écrivait à Balzac : « Vous ne sauriez avoir de curiosité pour aucune chose qui le mérite davantage que l'Hôtel de Rambouillet. On n'y parle point savamment, mais on y parle raisonnablement, et il n'y a lieu au monde où il y ait plus de bon sens et moins de pédanterie.... Car, afin que vous le sachiez, une partie de nos dames se sont érigées en savantes et font de cette qualité une partie de leur coquetterie. L'Académie dont vous êtes a produit sans y penser une assemblée de même nom, dont Mme la vicomtesse d'Auchy est le chef.... Quelques-uns de nos académiciens et les poètes et orateurs de la seconde classe que nous ne vous avons pas voulu donner pour compagnons, y lisent leurs pièces, y font des harangues et y défrayent les dames qui en sont, tous les mardis, après dîné. Si vous me demandez avec quel succès, je vous dirai qu'il est mauvais, quoique ce ne soit que par ouï-dire, ne m'étant pu résoudre à faire un des rôles de cette nouvelle comédie, ni de complaire à ceux qui m'en sollicitaient. Mais, pour revenir à mon propos, l'hôtel de Rambouillet est l'antipathie de l'hôtel d'Auchy..... » (22 mars 1638.) Je lis *antipathie*, correction évidente pour *antipathe*, qui est la leçon de la copie manuscrite.

2. Mme de Sévigné dira, par un emploi analogue : « Je vous embrasse mille fois, et m'en retourne à mon jardin, et puis à un *bout* de salut. » (T. II, p. 486.)

3. La locution était commune, en ce sens figuré, depuis bien des années.

4. Mascarille dit les *ruelles*, et non pas les *salons*. Furetière (1690) définit le mot *salon* : « Grande salle fort élevée et couverte en cintre, qui a souvent deux étages ou rangs de croisées. La mode des salons nous est venue d'Italie. On reçoit d'ordinaire des Ambassadeurs dans

de sonnets, quatre cents épigrammes et plus de mille madrigaux, sans compter les énigmes et les portraits [1].

MAGDELON. — Je vous avoue que je suis furieusement pour les portraits; je ne vois rien de si galant que cela.

MASCARILLE. — Les portraits sont difficiles, et demandent un esprit profond [2] : vous en verrez de ma manière qui ne vous déplairont pas.

CATHOS. — Pour moi, j'aime terriblement les énigmes [3].

un salon. » Cette définition prouve que l'on s'exprime inexactement quand on parle des *salons* du XVIIe siècle, de la *vie de salon*, à propos de Mme de Rambouillet. Les *salons* appartiennent au XVIIIe siècle. Au siècle précédent, « les *salles* ne servaient que dans les grandes réceptions; les femmes recevaient ordinairement dans leurs chambres, comme Mme de Rambouillet dans sa *chambre bleue*; les hommes dans leur *cabinet d'étude.* » (Livet, au mot *salle.*) Les chambres avaient une alcôve, où le lit était élevé sur une estrade entourée d'une balustrade (voir au Louvre la chambre d'Anne d'Autriche). Le lit, placé *debout*, laissait deux ruelles, dont l'une était réservée au service : dans l'autre « étaient des sièges, carreaux, placets, tabourets, chaises, fauteuils où s'asseyaient les visiteuses et ceux des visiteurs qui ne préféraient pas s'asseoir sur leurs manteaux ou sur la balustrade de l'alcôve ». (Livet, au mot *ruelle.*) Les intimes parfois s'asseyaient sur le lit même où la dame était couchée. D'autres restaient hors de la balustrade. On voit donc comment les salons du XVIIe siècle sont en réalité

Des *alcôves* dorées et des *ruelles* douces. (Benserade.)

Au temps où Molière fait ses *Précieuses*, les dames ont en général abandonné l'usage du commencement du siècle, qui consistait à se coucher sur le lit de parade pour recevoir les visites. Elles les reçoivent toujours dans leurs chambres, mais assises : on ne se couche plus que pour les occasions de cérémonie, où l'on attend le défilé des congratulations ou des condoléances.

1. Les romans avaient mis les portaits à la mode. On vit paraître en 1659 un recueil de portraits que Mademoiselle et les personnes de sa petite cour avaient composés, se peignant eux-mêmes ou leurs amis. Sorel railla cette mode la même année dans sa *Description de l'île de Portraiture et de la ville des Portraits.*

2. *Profond* est comique, comme contre-vérité.

3. Un *Recueil des Énigmes de ce temps* avait paru en 1658, ou avant, dû en partie à l'abbé Cotin, qui se laissait volontiers appeler *le père* et

MASCARILLE. — Cela exerce l'esprit, et j'en ai fait quatre encore ce matin, que je vous donnerai à deviner.

MAGDELON. — Les madrigaux [1] sont agréables, quand ils sont bien tournés.

MASCARILLE. — C'est mon talent particulier; et je travaille à mettre en madrigaux toute l'histoire romaine.

MAGDELON. — Ah! certes, cela sera du dernier beau. J'en retiens un exemplaire au moins, si vous le faites imprimer.

MASCARILLE. — Je vous en promets à chacune un, et des mieux reliés. Cela est au-dessous de ma condition [2]; mais je le fais seulement pour donner à gagner aux libraires qui me persécutent.

MAGDELON. — Je m'imagine que le plaisir est grand de se voir imprimé.

MASCARILLE. — Sans doute. Mais à propos, il faut que je vous die [3] un impromptu que je fis hier chez une duchesse de mes amies que je fus visiter; car je suis diablement [4] fort sur les impromptus.

le restaurateur de l'énigme française. Il en avait réimprimé 90 dans ses *Œuvres mêlées*, avec un *Discours sur les énigmes* (1659). Molière retrouvera l'abbé Cotin dans ses *Femmes savantes*.

1. « A la cour, on appelle épigramme, comme à Paris et ailleurs, une épigramme en vers égaux; et on y appelle madrigal une épigramme en vers inégaux. » (Ménage, *Observ.*, cité par Livet.) Les madrigaux furent très à la mode au milieu du XVIIe siècle; et, comme les sonnets, ils naissaient en abondance dans les cercles précieux. Ainsi la fameuse journée des *madrigaux*, chez Mlle de Scudery (20 déc. 1653), où jusqu'aux valets prirent leur part.

2. Un homme de condition, au XVIIe siècle, trouvait au-dessous de lui d'être auteur. La Rochefoucauld ne mit point son nom aux *Maximes*; et Mme de la Fayette publia ses romans sous le nom de Segrais.

3. *Que je die*, *que tu dies*, *qu'il die*, *qu'ils dient*, étaient encore des formes très usitées, surtout les deux dernières, même en prose. Vaugelas, pourtant, déjà ne faisait grâce qu'à qu'*il die*, que Thomas Corneille ne trouve plus bon qu'en vers : l'Académie en 1694 le juge un archaïsme.

4. *Diablement*, pour *très*, est un mot de laquais : Mascarille oublie de dire, en précieux, *furieusement*.

CATHOS. — L'impromptu est justement la pierre de touche de l'esprit.

MASCARILLE. — Écoutez donc.

MAGDELON. — Nous y sommes de toutes nos oreilles.

MASCARILLE.

Oh, oh! je n'y prenais pas garde :
Tandis que, sans songer à mal, je vous regarde,
Votre œil en tapinois me dérobe mon cœur.
Au voleur, au voleur, au voleur, au voleur [1] !

CATHOS. — Ah! mon Dieu! voilà qui est poussé [2] dans le dernier galant.

1. Cet impromptu de Mascarille rappelle bien des vers galants :

> OEillades, qui sur les esprits
> Exercez si bien vos rapines,...
> Chers ennemis de ma franchise,
> Beaux yeux, mes aimables vainqueurs,
> Dites-moi qui vous autorise
> A douter ainsi des cœurs.

Et ceci est du grand Corneille (1632. *Œuvres*, t. X, p. 91). M. Ed. Fournier a trouvé dans la *Fleur des chansons nouvelles* (1614, in-12), ce refrain :

> O voleur! ô voleur, ô voleur!
> Rends-moi mon cœur que tu m'as pris.

Théophile Gautier (*Grotesques*) citait ces deux vers des *Loyales et pudiques amours* de Scalion de Virbluneau (1596) :

> Alarme! alarme! alarme! et au secours!
> On m'a volé mon cœur dans ma poitrine!

Il est inutile de chercher à qui Molière a pris cette pointe : les citations que je fais, et qu'on pourrait multiplier, montrent que cette belle idée de Mascarille était une banalité qui traînait depuis trois quarts du siècle, et plus, dans la poésie galante.

2. *Poussé,* en ce sens, n'était pas un mot nouveau.

> On dirait qu'il dit vrai, tant son effronterie
> Avec naïveté *pousse* une menterie.
> (Corneille, *Menteur*, v. 977.)

« En cet endroit, si j'eusse eu l'enthousiasme, j'aurais *poussé* quantité de vers. » (Sarrazin.)

MASCARILLE. — Tout ce que je fais a l'air cavalier; cela ne sent point le pédant.

MAGDELON. — Il[1] en est éloigné de plus de deux mille lieues.

MASCARILLE. — Avez-vous remarqué ce commencement : *Oh, oh!* Voilà qui est extraordinaire : *oh, oh!* Comme un homme qui s'avise tout d'un coup : *oh, oh!* La surprise : *oh, oh!*

MAGDELON. — Oui, je trouve ce *oh, oh!* admirable.

MASCARILLE. — Il semble que cela ne soit rien.

CATHOS. — Ah! mon Dieu, que dites-vous? Ce sont là de ces sortes de choses qui ne se peuvent payer.

MAGDELON. — Sans doute; et j'aimerais mieux avoir fait ce *oh, oh!* qu'un poème épique[2].

MASCARILLE. — Tudieu[3]! vous avez le goût bon.

MAGDELON. — Eh! je ne l'ai pas tout à fait mauvais.

MASCARILLE. — Mais n'admirez-vous pas aussi *je n'y prenais pas garde? Je n'y prenais pas garde*, je ne m'apercevais pas de cela : façon de parler naturelle : *je n'y prenais pas garde. Tandis que sans songer à mal*, tandis qu'innocemment, sans malice, comme un pauvre mouton; *je vous regarde*, c'est-à-dire, je m'amuse à vous considérer, je vous observe, je vous contemple; *Votre œil en tapinois....* Que vous semble de ce mot *tapinois*? n'est-il pas bien choisi?

CATHOS. — Tout à fait bien.

1. Il, neutre, était très commun au XIIIe siècle.

> Tout cela ne convient qu'à nous.
> *Il* ne convient pas à vous-mêmes.
> (La Font., *Le vieillard et les trois jeunes hommes.*)

2. Boileau dira :

> Un sonnet achevé vaut seul un long poème (*Art. poét.*, II).

C'est le même principe d'esthétique qu'invoque Magdelon. Mais Magdelon l'applique mal.

3. *Tudieu* n'est pas un juron d'honnête homme, comme *Parbleu* ou *Morbleu*. Il échappe à Mascarille des vulgarités.

MASCARILLE. — *Tapinois*, en cachette : il semble que ce soit un chat qui vienne de prendre une souris : *tapinois*.

MAGDELON. — Il ne se peut rien de mieux.

MASCARILLE. — *Me dérobe mon cœur*, me l'emporte, me le ravit. *Au voleur, au voleur, au voleur, au voleur!* Ne diriez-vous pas que c'est un homme qui crie et court après un voleur pour le faire arrêter? *Au voleur, au voleur, au voleur, au voleur!*

MAGDELON. — Il faut avouer que cela a un tour spirituel et galand.

MASCARILLE. — Je veux vous dire l'air que j'ai fait dessus.

CATHOS. — Vous avez appris la musique?

MASCARILLE. — Moi? Point du tout.

CATHOS. — Et comment donc cela se peut-il?

MASCARILLE. — Les gens de qualité savent tout sans avoir jamais rien appris [1].

MAGDELON. — Assurément, ma chère.

MASCARILLE. — Écoutez si vous trouverez l'air à votre goût. *Hem, hem. La, la, la, la, la.* La brutalité de la saison a furieusement outragé la délicatesse de ma voix; mais il n'importe, c'est à la cavalière [2].

(Il chante :)

Oh, oh! je n'y prenais pas....

1. Voilà de ces traits qui échappent à Molière, et dont la portée satirique dépasse le sujet particulier de la comédie. Mascarille est ici l'aïeul de Figaro.

2. *Cavalier* est entré au XVIe siècle en français. Henri Estienne le dénonçait comme un italianisme qui usurpait la place de *chevalier*. — *A la cavalière.* Furetière, dans le *Roman bourgeois* (cité par Livet), se moquera durement des *vers à la cavalière*, « vers faits par des gentilshommes qui n'en savaient pas les règles, qui les faisaient par pure galanterie, sans avoir lu les livres, et sans que ce fût leur métier. » Et il demandait : « Hé! par la mort,... pourquoi s'en mêlent-ils, si ce n'est pas leur métier? un maçon serait-il excusé d'avoir fait une méchante marmite? » L'expression *à la cavalière* sera reprise ingénieu-

CATHOS. — Ah! que voilà un air qui est passionné! Est-ce qu'on n'en meurt [1] point?

MAGDELON. — Il y a de la chromatique [2] là dedans.

MASCARILLE. — Ne trouvez-vous pas la pensée bien exprimée dans le chant? *Au voleur!*... Et puis, comme si l'on criait bien fort : *au*, *au*, *au*, *au*, *au*, *au*, *voleur!* Et tout d'un coup, comme une personne essoufflée : *au voleur!*

MAGDELON. — C'est là savoir le fin des choses, le grand fin, le fin du fin [3]. Tout est merveilleux, je vous assure; je suis enthousiasmée de l'air et des paroles.

CATHOS. — Je n'ai encore rien vu de cette force-là.

MASCARILLE. — Tout ce que je fais me vient naturellement, c'est sans étude.

MAGDELON. — La nature vous a traité en vraie mère passionnée, et vous en êtes l'enfant gâté.

MASCARILLE. — A quoi donc passez-vous le temps?

CATHOS. — A rien du tout.

MAGDELON. — Nous avons été jusqu'ici dans un jeûne effroyable de divertissements.

MASCARILLE. — Je m'offre à vous mener l'un de ces jours à la comédie [4], si vous voulez; aussi bien on en

sement par Malebranche, qui appelle Montaigne *un pédant à la cavalière* (*Rech. de la vérité*, III, 3, 5).

1. *Il en faudrait mourir*, *c'est pour en mourir*, façons de parler proverbiales chez Regnier et d'Aubigné. Cathos, par le tour interrogatif, renouvelle la locution.

2. On distinguait « trois genres de musique, à savoir la Diatonique, qui se fait de tons et semi-tons; la Chromatique, qui se fait de semitons; et l'Enharmonique, qui se fait de quarts de ton ». (Voir Mignot, *Traité de musique*, 1656, cité par Despois et Mesnard.) Magdelon applique ici un terme technique, au petit bonheur.

3. Le tour resta dans la langue, il est vrai, très simplifié : « Il n'y a rien de plus commun que de dire : ... *il sait le fin de l'affaire; peu de gens connaissent le fin du Cabinet* (Bouhours, 1671, cité par Livet).

4. « Vous ne devez pas manquer non plus de faire voir les nouvelles pièces de théâtre aux dames, soit que vous fassiez venir les comédiens chez elles, soit que vous reteniez une loge à l'Hôtel de Bourgogne ou

doit jouer une nouvelle que je serai bien aise que nous voyions ensemble.

MAGDELON. — Cela n'est pas de refus.

MASCARILLE. — Mais je vous demande d'applaudir comme il faut, quand nous serons là; car je me suis engagé de faire valoir la pièce, et l'auteur m'en est venu prier encore ce matin. C'est la coutume ici qu'à nous autres gens de condition les auteurs viennent lire leurs pièces nouvelles [1] pour nous engager à les trouver belles, et leur donner de la réputation ; et je vous laisse à penser si, quand nous disons quelque chose, le parterre ose nous contredire. Pour moi, j'y suis fort exact ; et quand j'ai promis à quelque poète, je crie toujours : « Voilà qui est beau, » devant que les chandelles soient allumées [2].

MAGDELON. — Ne m'en parlez point : c'est un admirable lieu que Paris; il s'y passe cent choses tous les jours qu'on ignore dans les provinces, quelque spirituelle qu'on puisse être.

au Marais. » (Sorel, *Lois de la galanterie*, cité par Roy, ouv. cité, p. 266, n. 3.)

1. « Pour faire l'habile, vous nommerez ordinairement tous les savants de Paris, et direz qu'ils sont de votre connaissance, et qu'ils ne font point d'ouvrage qu'ils ne vous communiquent pour avoir votre approbation. » (Sorel, *Lois de la galanterie*; Roy, *ibid.*) En particulier l'usage de lire des pièces de théâtre dans les ruelles avant la représentation était fort répandu. Corneille lit *Polyeucte* à l'Hôtel de Rambouillet : en ce temps-là, on lisait souvent les pièces nouvelles chez le comte de Belin, un peu plus tard chez M. Testu, chevalier du guet. « Toutes les pièces destinées pour le Cirque se lisent chez lui, » disait Somaize. « Les auteurs les plus connus et qui ont le plus de réputation font gloire de soumettre leurs ouvrages à son jugement, » dit Somaize de Félicie (Mme la comtesse de Fiesque).

2. « Toute la lumière consistait d'abord en quelques chandelles dans des plaques de fer-blanc, attachées aux tapisseries; mais comme elles n'éclairaient les acteurs que par derrière et un peu par les côtés, ce qui les rendait presque tout noirs, on s'avisa de faire des chandeliers avec deux lattes pour mettre au devant du théâtre. » (Perrault, *Parallèle des anc. et des mod.*, III, 192. Cité par Despois et Mesnard.)

CATHOS. — C'est assez : puisque nous sommes instruites, nous ferons notre devoir de nous écrier comme il faut sur tout ce qu'on dira.

MASCARILLE. — Je ne sais si je me trompe, mais vous avez toute la mine d'avoir fait quelque comédie.

MAGDELON. — Eh! il pourrait être quelque chose de ce que vous dites.

MASCARILLE. — Ah! ma foi, il faudra que nous la voyions. Entre nous, j'en ai composé une que je veux faire représenter.

CATHOS. — Hé, à quels comédiens la donnerez-vous?

MASCARILLE. — Belle demande! Aux grands comédiens [1]. Il n'y a qu'eux qui sont capables de faire valoir les choses; les autres sont des ignorants qui récitent comme l'on parle; ils ne savent pas faire ronfler les vers, et s'arrêter au bel endroit : et le moyen de connaître où est le beau vers, si le comédien ne s'y arrête et ne vous avertit par là qu'il faut faire le brouhaha [2]?

CATHOS. — En effet, il y a manière de faire sentir aux auditeurs les beautés d'un ouvrage; et les choses ne valent que ce qu'on les fait valoir.

MASCARILLE. — Que vous semble de ma petite-oie? La trouvez-vous congruante à l'habit [3]?

CATHOS. — Tout à fait.

1. C'est-à-dire à la *troupe royale* de l'Hôtel de Bourgogne. Tout ce que dit Mascarille sont des contre-vérités : Molière indique ici pourquoi le jeu des grands comédiens est mauvais, et comment il entend la récitation dramatique. Il reviendra là-dessus, comme on sait, dans *l'Impromptu de Versailles*.

2. Le mot apparaît en 1611 dans le Dictionnaire de Cotgrave : mais il semble bien que ce soit Molière qui ait mis le mot et la locution en vogue.

3. Antoine Oudin, *Curiosités françaises* (1640), écrit : « *Petite-oye de volaille*,... la tête, les ailes, le col, les pieds, le gésier, etc. (c'est-à-dire l'*abatis*). *Petite-oye d'habit*,... des jarretières, des aiguillettes, un cor-

MASCARILLE. — Le ruban est bien choisi.

MAGDELON. — Furieusement bien. C'est Perdrigeon tout pur.

MASCARILLE. — Que dites-vous de mes canons?

MAGDELON. — Ils ont tout à fait bon air.

MASCARILLE. — Je puis me vanter au moins qu'ils ont un grand quartier [1] plus que tous ceux qu'on fait.

MAGDELON. — Il faut avouer que je n'ai jamais vu porter si haut l'élégance de l'ajustement.

MASCARILLE. — Attachez un peu sur ces gants la réflexion de votre odorat.

MAGDELON. — Ils sentent terriblement bon.

CATHOS. — Je n'ai jamais respiré une odeur mieux conditionnée.

MASCARILLE. — Et celle-là [2]?

MAGDELON. — Elle est tout à fait de qualité; le sublime [3] en est touché délicieusement.

don de chapeau, etc. » Il s'agit surtout ici des rubans, que la mode est d'avoir en profusion.

> Chacun de tes rubans me coûte une sentence.
> (*Plaideurs*, v. 88.)

« Je voudrais bien savoir, sans parler du reste, à quoi servent tous ces rubans dont vous voilà lardé depuis les pieds jusqu'à la tête, et si une demi-douzaine d'aiguillettes ne suffirait pas pour attacher un haut-de-chausses? » (*Avare*, I, 4.) Un trésorier de l'épargne, en 1657, portait un habit « dont la petite-oie était de 200 aunes de rubans ». (Cité dans l'éd. Despois et Mesnard.) — *Congruant* apparaît en 1542 (Hatzfeld, Darmesteter et Thomas, *Dict. de la l. fr.*). Mais depuis cette première apparition, on ne cite pas d'autre exemple que la phrase de Molière. — « En général, il faut être averti de rendre les choses convenables, et quand on aura des habits de belle étoffe, d'avoir aussi des collets et des manchettes de belle dentelle, de bien assortir les couleurs des bas de soie et des galants de rubans. » (Sorel, *Lois de la galanterie*; Roy, p. 266, n° 5.)

1. *Quart de l'aune*, environ 0 m. 30.

2. « Il donne à sentir les cheveux poudrés de sa perruque. » (Éd. de 1682.)

3. Somaize interprète « le cerveau », sans qu'on puisse savoir s'il le fait

MASCARILLE. — Vous ne me dites rien de mes plumes : comment les trouvez-vous?

CATHOS. — Effroyablement belles.

MASCARILLE. — Savez-vous que le brin me coûte un louis d'or [1]? Pour moi, j'ai cette manie de vouloir donner généralement sur tout ce qu'il y a de plus beau.

MAGDELON. — Je vous assure que nous sympathisons [2] vous et moi : j'ai une délicatesse furieuse pour tout ce que je porte; et jusqu'à mes chaussettes [3], je ne puis rien souffrir qui ne soit de la bonne ouvrière.

MASCARILLE, s'écriant brusquement. — Ahi, ahi, ahi, doucement! Dieu me damne, mesdames, c'est fort mal en user; j'ai à me plaindre de votre procédé; cela n'est pas honnête.

CATHOS. — Qu'est-ce donc? qu'avez-vous?

MASCARILLE. — Quoi? toutes deux contre mon cœur, en même temps! m'attaquer à droit [4] et à gauche! Ah! c'est contre le droit des gens; la partie n'est pas égale; et je m'en vais crier au meurtre.

d'après ce passage, ou s'il apporte une interprétation justifiée par ailleurs. *De qualité*, de bonne qualité, comme on disait *homme de qualité*, *air de qualité*, pour désigner ceux qui appartenaient aux rangs supérieurs de la société.

1. L'éd. Despois et Mesnard rapproche justement de tout ce jeu de scène les vers de Régnier où il nous fait entendre un fat qui se fait valoir (Sat. VIII).

> Madame, à votre avis, cejourd'hui suis-je bien?
> Suis-je pas bien chaussé? ma jambe est-elle belle?
> Voyez ce taffetas : la mode en est nouvelle.
> C'est œuvre de la Chine.

2. Mot rare et affecté.

3. « Bas de toile qu'on met par-dessus la chausse ou les bas de soie ou de drap. » (Furetière, *Dict.*)

4. *A droit* était une forme très commune. « Vous ne sauriez faire un pas ni à droit ni à gauche. » (*Fourb. de Scapin*, III, 2.) Livet donne une foule d'exemples où *à droit* est employé en vers, et à la rime.

CATHOS. — Il faut avouer qu'il dit les choses d'une manière particulière.

MAGDELON. — Il a un tour admirable dans l'esprit.

CATHOS. — Vous avez plus de peur que de mal, et votre cœur crie avant qu'on l'écorche.

MASCARILLE. — Comment diable! il est écorché depuis la tête jusqu'aux pieds.

SCÈNE X

MAROTTE, MASCARILLE, CATHOS, MAGDELON

MAROTTE. — Madame, on demande à vous voir.

MAGDELON. — Qui?

MAROTTE. — Le vicomte de Jodelet.

MASCARILLE. — Le vicomte de Jodelet?

MAROTTE. — Oui, monsieur.

CATHOS. — Le connaissez-vous?

MASCARILLE. — C'est mon meilleur ami.

MAGDELON. — Faites entrer vivement.

MASCARILLE. — Il y a quelque temps que nous nous sommes vus, et je suis ravi de cette aventure.

CATHOS. — Le voici.

SCÈNE XI

JODELET, MASCARILLE, CATHOS, MAGDELON, MAROTTE

MASCARILLE. — Ah! vicomte!

JODELET. S'embrassant[1] l'un l'autre. — Ah! marquis!

1. Voir *les Fâcheux* (récit d'Éraste), *le Misanthrope* (I, 1), sur cette mode des grandes embrassades, que Molière a ridiculisée.

MASCARILLE. — Que je suis aise de te rencontrer!

JODELET. — Que j'ai de joie de te voir ici!

MASCARILLE. — Baise-moi donc encore un peu, je te prie.

MAGDELON. — Ma toute bonne, nous commençons d'être connues; voilà le beau monde qui prend le chemin de nous venir voir.

MASCARILLE. — Mesdames, agréez que je vous présente ce gentilhomme-ci : sur ma parole, il est digne d'être connu de vous.

JODELET. — Il est juste de venir vous rendre ce qu'on vous doit; et vos attraits exigent leurs droits seigneuriaux sur toutes sortes de personnes.

MAGDELON. — C'est pousser vos civilités jusqu'aux derniers confins de la flatterie.

CATHOS. — Cette journée doit être marquée dans notre almanach comme une journée bienheureuse.

MAGDELON. — Allons, petit garçon, faut-il toujours vous répéter les choses? Voyez-vous pas qu'il faut le surcroît d'un fauteuil?

MASCARILLE. — Ne vous étonnez pas de voir le vicomte de la sorte : il ne fait que sortir d'une maladie qui lui a rendu le visage pâle [1] comme vous le voyez.

JODELET. — Ce sont fruits des veilles de la cour et des fatigues de la guerre.

MASCARILLE. — Savez-vous, mesdames, que vous voyez dans le vicomte un des vaillants hommes du siècle? C'est un brave à trois poils [2].

1. Ce visage pâle, c'était la face enfarinée de Jodelet. Les farceurs français, au lieu de porter le masque des Italiens, s'enfarinaient.

2. « *Poil* se dit aussi de la soie dans les étoffes de peluche, panne et velours. Le velours *à deux* ou *à trois poils* se connaît par le nombre des lignes jaunes marquées sur la lisière. » (*Dict. de Trévoux*, cité par Livet.) Comme le velours *à trois poils* est meilleur que l'autre, ainsi un brave *à trois poils* est un brave de qualité supérieure. Saint-Simon dit même : « Caillebot passa pour un *brave à quatre poils*, qu'il ne fallait pas choquer. »

JODELET. — Vous ne m'en devez rien, marquis; et nous savons ce que vous savez faire aussi.

MASCARILLE. — Il est vrai que nous nous sommes vus tous deux dans l'occasion.

JODELET. — Et dans des lieux où il faisait fort chaud.

MASCARILLE, les regardant toutes deux. — Oui; mais non pas si chaud qu'ici. Hai, hai, hai!

JODELET. — Notre connaissance s'est faite à l'armée; et la première fois que nous nous vîmes, il commandait un régiment de cavalerie sur les galères de Malte.

MASCARILLE. — Il est vrai; mais vous étiez pourtant dans l'emploi avant que j'y fusse; et je me souviens que je n'étais que petit officier[1] encore, que vous commandiez deux mille chevaux.

JODELET. — La guerre est une belle chose; mais, ma foi, la cour récompense bien mal aujourd'hui les gens de service[2] comme nous.

MASCARILLE. — C'est ce qui fait que je veux pendre l'épée au croc.

CATHOS. — Pour moi, j'ai un furieux tendre pour les hommes d'épée.

MAGDELON. — Je les aime aussi; mais je veux que l'esprit assaisonne[3] la bravoure.

1. *Petit officier*, ou officier subalterne : lieutenant, sous-lieutenant, cornette ou enseigne.

2. Non pas, je crois, *les gens qui sont au service*, comme si les officiers étaient moins récompensés que les services civils, mais *les gens qui se distinguent*, *qui rendent des services* :

> Monsieur! le grand dommage et l'homme de service!
> (*Dép. am*, 1559.)

« Poltrot ne passait point pour un étourdi; Soubise, dont il était domestique, et l'Amiral le regardaient comme un *homme de service*, et l'employaient dans des affaires de conséquence. »
(Bossuet, *Hist. des var.*, cité par Livet.)

3. *Assaisonner* est une vieille métaphore qui est déjà dans Amyot et dans d'Urfé. — En revanche, *bravoure* est un mot nouveau, dont on ne donne pas d'exemple antérieur à Scarron.

MASCARILLE. — Te souvient-il, vicomte, de cette demi-lune que nous emportâmes sur les ennemis au siège d'Arras [1] ?

JODELET. — Que veux-tu dire avec ta demi-lune? C'était bien une lune tout entière [2].

MASCARILLE. — Je pense que tu as raison.

JODELET. — Il m'en doit bien souvenir, ma foi : j'y fus blessé à la jambe d'un coup de grenade, dont je porte encore les marques. Tâtez un peu, de grâce; vous sentirez quelque coup, c'était là [3].

CATHOS. — Il est vrai que la cicatrice est grande.

MASCARILLE. — Donnez-moi un peu votre main, et tâtez celui-ci, là, justement au derrière de la tête : y êtes-vous?

MAGDELON. — Oui : je sens quelque chose.

MASCARILLE. — C'est un coup de mousquet que je reçus la dernière campagne que j'ai faite.

JODELET. — Voici un autre coup qui me perça de part en part à l'attaque de Gravelines [4].

MASCARILLE, mettant la main sur le bouton de son haut-de-chausses. — Je vais vous montrer une furieuse plaie.

1. Il s'agit du siége de 1640, dirigé par le maréchal de la Meilleraye. En 1654, quand Arras fut investi, c'était par l'armée espagnole, dans laquelle se trouvait le prince de Condé : Turenne fit lever le siège. Il eût fallu alors que Jodelet fût parmi les Espagnols : et ce n'était pas un souvenir à remuer à cette date.

2. « Ceci me fait souvenir d'une naïveté qu'on attribuait au feu marquis de Nesle, gouverneur de la Fère, qui était pourtant un brave homme. C'est que comme on lui eût proposé de faire une demi-heure, il dit : « Messieurs, ne faisons rien à demi pour le service du roi ; faisons-en une tout entière. » (Tallemant des Réaux, cité par Livet.) Ce mot, antérieur à 1658, avait pu être colporté.

3. « Découvrant sa poitrine. » (Éd. de 1734.)

4. Soit en 1644, soit en 1658 : les deux fois la ville fut prise sur les Espagnols. — C'est à cet endroit de la pièce à peu près que devait se trouver une bouffonnerie de Jodelet, conservée dans la copie courante du *Récit de la farce des Précieuses* : « Un de ses intimes amis (de Mascarille)... lui dit qu'il avait eu un coup de mousquet dans la tête, et qu'il avait rendu la balle en éternuant. »

MAGDELON. — Il n'est pas nécessaire : nous le croyons sans y regarder.

MASCARILLE. — Ce sont des marques honorables, qui font voir ce qu'on est.

CATHOS. — Nous ne doutons point de ce que vous êtes.

MASCARILLE. — Vicomte, as-tu là ton carrosse?

JODELET. — Pourquoi?

MASCARILLE. — Nous mènerions promener ces dames hors des portes [1], et leur donnerions un cadeau [2].

MAGDELON. — Nous ne saurions sortir aujourd'hui.

MASCARILLE. — Ayons donc les violons pour danser.

JODELET. — Ma foi, c'est bien avisé.

MAGDELON. — Pour cela, nous y consentons; mais il faut donc quelque surcroît de compagnie.

MASCARILLE. — Holà! Champagne, Picard, Bourguignon, Casquaret, Basque, La Verdure, Lorrain, Provençal, La Violette! Au diable soient tous les laquais! Je ne pense pas qu'il y ait gentilhomme en France

1. Sorel, dans les *Lois de la galanterie* (éd. de 1658), avertit les galants de bien savoir « en quelle saison l'on va promener à Luxembourg, et en quelle autre aux Tuileries; quand commence le cours hors la porte Saint-Antoine et dans le bois de Vincennes, et quand c'est que le cours de la feue reine mère a la vogue (qui est depuis la porte de la Conférence jusqu'à Chaillot, où il y a quatre rangées d'arbres plantés exprès ». (Cité dans l'éd. Despois et Mesnard.) — Le mot *carrosse* entre au XVIe siècle, sous la forme encore à demi italienne carroche (1574). Les premiers carrosses furent ceux de Catherine de Médicis, de la duchesse d'Angoulême, et du Président de Thou. Au début du XVIIe siècle ils étaient encore fort rares. L'usage s'en répandit ensuite. « De quelque condition que soit un galant, nous lui enjoignons d'avoir un carrosse,... quand ce ne serait que pour faire plaisir à des dames qui n'en ont point, et leur en prêter quelquefois pour leurs promenades ou leurs visites; ce qui les oblige de telle sorte que l'on est après beaucoup mieux venu chez elles. » (*Lois de la galanterie*, cité par Livet.)

2. « *Cadeaux* se dit des repas qu'on donne hors de chez soi, deçà et delà, et particulièrement à la campagne.... En ce sens il vieillit. » (Furetière, *Dict.*, 1690.) Un peu plus tôt, Ménage note que le mot est « plutôt de la ville que de la cour. On dit à la cour donner une fête. »

plus mal servi que moi [1]. Ces canailles [2] me laissent toujours seul.

MAGDELON. — Almanzor, dites aux gens de Monsieur qu'ils aillent querir des violons, et nous faites venir ces messieurs et ces dames d'ici près, pour peupler la solitude de notre bal.

MASCARILLE. — Vicomte, que dis-tu de ces yeux?

JODELET. — Mais toi-même, marquis, que t'en semble?

MASCARILLE. — Moi, je dis que nos libertés auront peine à sortir d'ici les braies nettes [3]. Au moins, pour moi, je reçois d'étranges secousses, et mon cœur ne tient plus qu'à un filet.

MAGDELON. — Que tout ce qu'il dit est naturel! Il tourne les choses le plus agréablement du monde.

CATHOS. — Il est vrai qu'il fait une furieuse dépense en esprit.

MASCARILLE. — Pour vous montrer que je suis véritable, je veux faire un impromptu là-dessus.

CATHOS. — Eh! je vous en conjure de toute la dévotion [4] de mon cœur : que nous ayons quelque chose qu'on ait fait pour nous.

JODELET. — J'aurais envie d'en faire autant; mais je me trouve un peu incommodé de la veine poétique,

1. Imitation du *Parasite* de Tristan (I, 5) :

> Holà, ho! Bourguignon, Champagne, le Picard,
> Le Basque, Cascaret,...
> Las d'aller, Triboulet! où sont tous mes valets?...
> Je ne suis point servi : toute cette canaille
> Se cache au cabaret ainsi que rats en paille.

2. L'italianisme *canaille* avait remplacé au XVIe siècle le vieux français *chiennaille*. Le sens collectif se perdait. Corneille avait dit déjà dans *Médée* : *Canailles infidèles* (v. 1369).

3. Vieille locution populaire, qui s'appliquerait à un soldat voyant le feu sans avoir peur. Molière accuse par cette vulgarité la sottise des *Précieuses* si faciles à duper.

4. Ce sens du mot est signalé au XVIe siècle par Henri Estienne et se retrouve dans Malherbe.

pour la quantité des saignées que j'y ai faites ces jours passés.

MASCARILLE. — Que diable est cela? Je fais toujours bien le premier vers; mais j'ai peine à faire les autres. Ma foi, ceci est un peu trop pressé : je vous ferai un impromptu à loisir, que vous trouverez le plus beau du monde.

JODELET. — Il a de l'esprit comme un démon [1].

MAGDELON. — Et du galand, et du bien tourné.

MASCARILLE. — Vicomte, dis-moi un peu, y a-t-il longtemps que tu n'as vu la comtesse?

JODELET. — Il y a plus de trois semaines que je ne lui ai rendu visite.

MASCARILLE. — Sais-tu bien que le duc m'est venu voir ce matin, et m'a voulu mener à la campagne courir un cerf avec lui?

MAGDELON. — Voici nos amies qui viennent.

SCÈNE XII

JODELET, MASCARILLE, CATHOS, MAGDELON, MAROTTE, LUCILE

MAGDELON. — Mon Dieu, mes chères, nous vous demandons pardon. Ces messieurs ont eu fantaisie de nous donner les âmes [2] des pieds; et nous vous avons envoyé querir pour remplir les vides de notre assemblée.

1. « Dire de quelqu'un, *il a de l'esprit*, cela sent son vieux gaulois il faut dire : *il a esprit*, pour être spirituel. Toutefois vous pourrez dire encore maintenant : cet homme *a de l'esprit*, pourvu qu'on ajoute : *infiniment*, ou quelque chose de semblable. » (Sorel, *Connaissance des bons livres*, cité par Roy, p. 283.)

2. Les violons, qui mettent les pieds en mouvement, comme l'âme meut le corps.

LUCILE. — Vous nous avez obligées, sans doute.

MASCARILLE. — Ce n'est ici qu'un bal à la hâte; mais l'un de ces jours nous vous en donnerons un dans les formes. Les violons sont-ils venus?

ALMANZOR. — Oui, monsieur; ils sont ici.

CATHOS. — Allons donc, mes chères, prenez place.

MASCARILLE, dansant lui seul comme par prélude. — La, la, la, la, la, la, la, la.

MAGDELON. — Il a tout à fait la taille élégante.

CATHOS. — Et a la mine [1] de danser proprement.

MASCARILLE, ayant pris Magdelon. — Ma franchise va danser la courante [2] aussi bien que mes pieds. En cadence, violons, en cadence. Oh! quels ignorants! Il n'y a pas moyen de danser avec eux. Le diable vous emporte! ne sauriez-vous jouer en mesure? La, la, la, la, la, la, la. Ferme, ô violons de village.

JODELET, dansant ensuite. — Holà! ne pressez pas si fort la cadence : je ne fais que sortir de maladie.

SCÈNE XIII

DU CROISY, LA GRANGE, MASCARILLE

LA GRANGE. — Ah! ah! coquins, que faites-vous ici? Il y a trois heures que nous vous cherchons.

MASCARILLE, se sentant battre. — Ahy! ahy! ahy! vous ne m'aviez pas dit que les coups en seraient aussi.

1. *Avoir la mine* était une expression à la mode, dont on abusait fort. — *Proprement*, entendez *élégamment*. Ce n'est que depuis le commencement du siècle qu'on distingue *propriété* de *propreté*. Et en ce temps-là où il était besoin de conseiller aux galants, comme fait Sorel, de se laver la figure et les mains tous les jours, on ne s'étonnera pas que *propre*, *propreté*, *proprement*, aient eu rapport surtout à l'élégance.

2. La *courante* était une danse à la mode en ce temps-là. Voir dans *les Fâcheux*, I, 3, le dessin d'une courante.

JODELET. — Ahy! ahy! ahy!

LA GRANGE. — C'est bien à vous, infâme que vous êtes, à vouloir faire l'homme d'importance.

DU CROISY. — Voilà qui vous apprendra à vous connaître[1].

(Ils sortent.)

SCÈNE XIV

MASCARILLE, JODELET, MAGDELON

MAGDELON. — Que veut donc dire ceci?

JODELET. — C'est une gageure.

CATHOS. — Quoi? vous laisser battre de la sorte!

MASCARILLE. — Mon Dieu, je n'ai pas voulu faire semblant de rien[2]; car je suis violent, et je me serais emporté.

MAGDELON. — Endurer un affront comme celui-là, en notre présence!

MASCARILLE. — Ce n'est rien : ne laissons pas d'achever. Nous nous connaissons il y a longtemps; et entre amis, on ne va pas se piquer pour si peu de chose.

1. A savoir qui vous êtes, pour vous tenir à votre place.

2. *Rien* garde dans toutes ces locutions sa valeur propre, *quelque chose*. « Ce n'est pas ma coutume de rien blâmer. » (*Critique de l'École des Femmes*, 6.) « Je ne veux point qu'il me dise rien. » (*Bourg. gent.*, V, 6.) On voit que *rien* prend aisément le sens de quoi que ce soit, *une chose quelconque*. Cet emploi est général au XVIIe siècle. « Le sujet est simple, et du nombre de ces événements connus où il ne nous est pas permis de rien changer. » (Corneille, *Sertorius*, *Au lecteur*.)

SCÈNE XV

DU CROISY, LA GRANGE, MASCARILLE, JODELET, MAGDELON, CATHOS

LA GRANGE. — Ma foi, marauds, vous ne vous rirez pas de nous, je vous promets. Entrez, vous autres.

MAGDELON. — Quelle est donc cette audace, de venir nous troubler de la sorte dans notre maison?

DU CROISY. — Comment, mesdames, nous endurerons que nos laquais soient mieux reçus que nous? qu'ils viennent vous faire l'amour à nos dépens, et vous donnent le bal?

MAGDELON. — Vos laquais?

LA GRANGE. — Oui, nos laquais : et cela n'est ni beau ni honnête de nous les débaucher comme vous faites.

MAGDELON. — O Ciel! quelle insolence!

LA GRANGE. — Mais ils n'auront pas l'avantage de se servir de nos habits pour vous donner dans la vue; et si vous les voulez aimer, ce sera, ma foi, pour leurs beaux yeux. Vite, qu'on les dépouille sur-le-champ.

JODELET. — Adieu notre braverie [1].

MASCARILLE. — Voilà le marquisat et la vicomté à bas.

1. *Brave*, au XVIe et au XVIIe s., signifie *bien mis*, et a gardé ce sens en certaines campagnes.

> ...Pour avoir des plumes au chapeau,
> L'aiguillette à la mode et le ruban nouveau,
> Pour être chaque jour brave comme au dimanche,
> Et me faire crayer ici la botte blanche.
> (Gillet de la Tessonnerie, *le Campagnard*, I, I.)

Livet qui cite ce passage, le cite à faux, et l'attribue à tort à Gilbert. — *Braverie*, naturellement, suivit le sens de *brave*. « Mon affaire commença par braverie et plus que braverie; je me fis faire deux habits complets riches et beaux à merveille. » (Chapelain, trad. de *Guzman d'Alfarache*, 1630. Cité par Livet.)

DU CROISY. — Ah! ah! coquins, vous avez l'audace d'aller sur nos brisées! Vous irez chercher autre part de quoi vous rendre agréables aux yeux de vos belles, je vous en assure.

LA GRANGE. — C'est trop que de nous supplanter, et de nous supplanter avec nos propres habits.

MASCARILLE. — O Fortune, quelle est ton inconstance!

DU CROISY. — Vite, qu'on leur ôte jusqu'à la moindre chose [1].

LA GRANGE. — Qu'on emporte toutes ces hardes, dépêchez. Maintenant, mesdames, en l'état qu'ils sont, vous pouvez continuer vos amours avec eux tant qu'il vous plaira; nous vous laissons toute sorte de liberté pour cela, et nous vous protestons, monsieur et moi, que nous n'en serons aucunement jaloux.

CATHOS. — Ah! quelle confusion!

MAGDELON. — Je crève de dépit.

VIOLONS, au Marquis. — Qu'est-ce donc que ceci? Qui nous payera, nous autres?

MASCARILLE. — Demandez à monsieur le Vicomte.

VIOLONS, au Vicomte. — Qui est-ce qui nous donnera de l'argent?

JODELET. — Demandez à monsieur le Marquis.

1. « Il y a là un jeu de scène qui n'est pas de très bon goût, mais qui est de tradition et dont l'origine semble remonter assez haut. On dépouille Mascarille et Jodelet de leurs habits d'emprunt : Jodelet, pour dissimuler sa maigreur, s'est couvert d'un grand nombre de gilets qu'on lui enlève successivement; il paraît enfin en chef de cuisine; après avoir tiré de sa ceinture un bonnet blanc dont il se coiffe, il s'agenouille respectueusement devant Cathos, qui le repousse avec horreur. » (Note de l'éd. Despois et Mesnard.) Ce jeu de scène remontait-il à Jodelet? Il était très maigre, et cet effet pouvait bien convenir au farceur qu'il était. Mais si ce fut Gros-René qui le remplaça après sa mort, le jeu de scène ne put subsister : Gros-René était très gros.

SCÈNE XVI

GORGIBUS, MASCARILLE, MAGDELON

GORGIBUS. — Ah! coquines que vous êtes, vous nous mettez dans de beaux draps blancs [1], à ce que je vois! et je viens d'apprendre de belles affaires, vraiment, de ces messieurs qui sortent!

MAGDELON. — Ah! mon père, c'est une pièce [2] sanglante qu'ils nous ont faite.

GORGIBUS. — Oui, c'est une pièce sanglante, mais qui est un effet de votre impertinence, infâmes! Ils se sont ressentis du traitement que vous leur avez fait; et cependant, malheureux que je suis, il faut que je boive l'affront.

MAGDELON. — Ah! je jure que nous en serons vengées ou que je mourrai en la peine. Et vous, marauds, osez-vous vous tenir ici après votre insolence?

MASCARILLE. — Traiter comme cela un marquis! Voilà ce que c'est que du monde! la moindre disgrâce nous fait mépriser de ceux qui nous chérissaient. Allons, camarade, allons chercher fortune autre part : je vois bien qu'on n'aime ici que la vaine apparence, et qu'on n'y considère point la vertu toute nue.

(Ils sortent tous deux.)

1. C'est la locution complète, abrégée dans l'expression usitée aujourd'hui. Les deux se rencontrent au XVIIIe siècle.

2. *Pièce*, au sens de *tour* : « Elle lui jouait quelquefois des pièces qui ne plaisaient pas à tout le monde. » (Sorel, *Polyandre*, cité par Livet.) Vaugelas condamnait cette locution, quoiqu'il en constatât l'usage. « *Faire pièce* : cette façon de parler qui est si fort en vogue depuis quelques années à Paris, d'où elle s'est répandue par toutes les provinces de France.... Je dis même que la Cour en sa plus saine partie ne la peut souffrir.... » Cet avis n'a pas passé au XVIIe siècle sans discussion.

SCÈNE XVII

GORGIBUS, MAGDELON, CATHOS, VIOLONS

VIOLONS. — Monsieur, nous entendons que vous nous contentiez à leur défaut pour ce que nous avons joué ici.

GORGIBUS, les battant. — Oui, oui, je vous vais contenter [1], et voici la monnaie dont je vous veux payer. Et vous, pendardes [2], je ne sais qui me tient que je ne vous en fasse autant. Nous allons servir de fable et de risée à tout le monde, et voilà ce que vous vous êtes attiré par vos extravagances. Allez vous cacher, vilaines; allez vous cacher pour jamais. Et vous qui êtes cause de leur folie, sottes billevesées [3], pernicieux amusements des esprits oisifs, romans, vers, chansons, sonnets et sonnettes [4], puissiez-vous être à tous les diables!

1. *Contenter* au sens de *payer*. La transition est claire. « *Contenter* : payer. Il a été bien contenté de son travail. » (Acad., *Dictionn.*, 1694.

2. Féminin assez fréquent chez Molière.

3. « Ayez en révérence le cerveau caséiforme qui vous pait de ces billes vezées. » (Rab., *Gargantua*, I, prol.) On interprète ordinairement balles gonflées de vent. D'autres dérivent le mot de *billeveze*, cornemuse (Hatzfeld, Darmesteter et Thomas, *Dictionn.*); mais il faut noter que Rabelais nous montre les deux éléments du mot encore indépendants.

4. C'était un vieux calembour. Racan blâmant les sonnets irréguliers de Malherbe, en lui disant que le sonnet irrégulier n'était pas un sonnet : « Hé bien, lui dit Malherbe, si ce n'est pas un sonnet, c'est une sonnette. »

FIN.

TABLE DES MATIÈRES

Coulommiers. — Imp. PAUL BRODARD. — 26-1900.

Cicéron (Suite) : *In Catilinam orationes quatuor* (A. Noël) . . . » 75
— *Orator* (C. Aubert). . . . . 1 fr. »
— *Pro Archia poeta* (E. Thomas) . . . . » 60
— *Pro lege Manilia* (A. Noël) . . . . » 60
— *Pro Ligario* (A. Noël). . . . . » 30
— *Pro Marcello* (A. Noël). . . . . » 30
— *Pro Milone* (P. Monet) . . . . » 60
— *Pro Murena* (A. Noël) . . . . » 75
— *Somnium Scipionis* (V. Cucheval) . . . . » 30

Cornelius Nepos (Monginot). . . . . » 90

Elégiaques romains (Extraits des) (A. Waltz) . . . . 1 fr. 80

Epitome historiæ græcæ (J. Girard). . . . . 1 fr. 50

Horace : *De arte poetica* (Maurice Albert) . . . . » 60

Jouvency : *Appendix de diis et heroibus* (Edeline) . . » 70

Lhomond : *De viris illustribus urbis Romæ* (Duval). . 1 fr. 50
— *Epitome historiæ sacræ* (A. Pressard). . . . . » 75

Lucrèce : *De rerum natura* liber I (Benoist et Lantoine) » 90
— *De natura rerum* liber V (Benoist et Lantoine). . . . » 90
— *Morceaux choisis* (Poyard). . . . . 1 fr. 50

Narrationes : Récits extraits principalement de Tite-Live (Riemann et Uri).. . . . . 2 fr. 50

Ovide : *Morceaux choisis des Métamorphoses* (Armengaud) 1 fr. 80

Pères de l'Église latine (Nourrisson) . . . . 2 fr. 25

Phèdre : *Fables* (Havet). . . . . 1 fr. 80

Plaute : *La marmite* (*Aulularia*) (Benoist). . . . . . . » 80
— *Morceaux choisis* (Benoist).. . . . . 2 fr. »

Pline le Jeune : *Choix de lettres* (Waltz). . . . . . . 1 fr. 80

Quinte-Curce (Dosson et Pichon). . . . . 2 fr. 25

Quintilien : *Institutions oratoires*, xe livre (Dosson). . 1 fr. 50

Salluste (Lallier). 1 fr. 80

Selectæ e profanis scriptoribus (Leconte).. . . . . 1 fr. 80

Senèque : *De vita beata* (Delaunay). . . . . » 75
— *Lettres à Lucilius, I à XVI* (Aubé). . . . . » 75
— *Extraits* (E. Thomas). . . . . 1 fr. 80

Tacite : *Annales* (E. Jacob). . . . . 2 fr. 50
— *Annales*, livres I, II et III (E. Jacob) . . . . 1 fr. 50
— *Dialogue des orateurs* (Goelzer). . . . . 1 fr. »

LANGUE GRECQUE

Homère : *Iliade* (A. Pierron)............... 3 fr. 50
— *Iliade*, les chants I, II, VI, IX, X, XVIII, XXII, XXIV, sép. » 25
— *Odyssée* (A. Pierron)................... 3 fr. 50
— *Odyssée*, les chants, I, II, VI, XI, XII, XXII, XXIII, sép. . » 25

Lucien : *De la manière d'écrire l'histoire* (A. Lehugeur) » 75
— *Dialogues des morts* (Tournier et Desrousseaux).... 1 fr. 50
— *Le songe, ou le coq* (Desrousseaux).......... 1 fr. »
— *Morceaux choisis des Dialogues des morts, des Dieux, etc.* (Tournier et Desrousseaux)......... 2 »
— *Extraits : Timon d'Athènes, le Songe, etc.* (V. Glachant)........................ 1 fr. 80

Platon : *Criton* (Ch. Waddington)............ » 50
— *Ion* (Mertz)......................... » 75
— *Menexène* (Luchaire).................. » 75
— *Phédon* (Couvreur)................... 1 fr. 50
— *République*, VIe livre (Aubé)............... 1 fr. 50
— *République*, VIIe livre (Aubé).............. 1 fr. 50
— *République*, VIIIe livre (Aubé)............. 1 fr. 50
— *Morceaux choisis* (Poyard)............. 2 fr. »
— *Extraits* (Dalmeyda).................. 2 fr. 50

Plutarque : *Vie de Cicéron* (Graux)........... 1 fr. 50
— *Vie de Démosthène* (Graux)............... 1 fr. »
— *Vie de Périclès* (Jacob)................. 1 fr. 50
— *Morceaux choisis des biographies* (Talbot) 2 vol.: les Grecs illustres, 1 vol. 2 fr.; les Romains illustres, 1 vol. 2 fr. »
— *Morceaux choisis des Œuvres morales* (V. Bétolaud). 2 fr. »
— *Extraits suivis des Vies parallèles* (Bessières).... 2 fr. »

Sophocle : *Théâtre* (Tournier) : *Ajax; Antigone; Electre, Œdipe roi; Œdipe à Colone; Philoctète; Trachiniennes.* Chaque tragédie................ 1 fr. »
— *Morceaux choisis* (Tournier)............. 2 fr. »

Thucydide : *Morceaux choisis* (Croiset)......... 2 fr. »

Xénophon : *Economique* (Graux et Jacob)........ 1 fr. 50
— *Extraits de la Cyropédie* (J. Petitjean)........ 1 fr. 50
— *Mémorables*, livre I (Lebègue)............ 1 fr. »
— *Extraits des Mémorables* (Jacob)........... 1 fr. 50
— *Morceaux choisis* (de Parnajon)........... 2 fr. »
— *Anabase*, les sept livres (Couvreur).......... 3 fr. »

LANGUE ALLEMANDE

Auerbach : *Récits villageois de la Forêt-Noire* (B. Lévy). . 2 fr 50
Benedix : *Le procès* (Lange)................ » 60

Benedix (Suite) : *L'entêtement* (Lange). . . . . » 60
— *Scènes choisies du Théâtre de famille* (Feuillié). . . 1 fr. 50

Chamisso : *Pierre Schlemihl* (Koell). . . . . 1 fr. »

Choix de Fables et de Contes en allemand (Mathis). 1 fr. 50

Contes et Morceaux choisis de Schmid, Krummacher, Liebeskind, Lichtwer, Hebel, Herder et Campe (Scherdlin) . . . . 1 fr. 50

Contes populaires tirés de Grimm, Musæus, Andersen, et des *Feuilles de palmier* **par Herder et Liebeskind** (Scherdlin) . . . . 2 fr. 50

Gœthe : *Iphigénie en Tauride* (B. Lévy) . . . . 1 fr. 50
— *Campagne de France* (B. Lévy) . . . . 1 fr. 50
— *Faust*, 1er partie (Büchner) . . . . 2 fr. »
— *Le Tasse* (B. Lévy) . . . . 1 fr. 80
— *Morceaux choisis* (B. Lévy) . . . . 3 fr. »

Hauff : *Lichtenstein*, parties I et II (Muller) . . . . . . 2 fr. 50

Hebel : *Contes choisis* (Feuillié). . . . . 1 fr. 50

Hoffmann : *Le tonnelier de Nuremberg* (Bauer) . . . . 2 fr. »

Kleist (de) : *Michael Kohlhaas* (Koch) . . . . 1 fr. »

Kotzebue : *La petite ville allemande* (Bailly) . . . . . 1 fr. 50

Lessing : *Laocoon* (B. Lévy). . . . . 2 fr. »
— *Extraits des lettres sur la littérature moderne et des lettres archéologiques* (Cottler). . . . . 2 fr. »
— *Extraits de la Dramaturgie* (Cottler) . . . . 1 fr. 50
— *Minna de Barnhelm* (B. Lévy) . . . . 1 fr. 50

Niebuhr : *Temps héroïques de la Grèce* (Koch). . . . . 1 fr 50

Schiller : *Guerre de Trente Ans* (Schmidt et Leclaire) . . 2 fr. 50
— *Histoire de la révolte des Pays-Bas* (Lange) . . . . . 2 fr. 50
— *Jeanne d'Arc* (Bailly). . . . . 2 fr. 50
— *La Fiancée de Messine* (Scherdlin) . . . . 1 fr. 50
— *Wallenstein*, poème dramatique en 3 parties (Cottler). . 2 fr. 50
— *Oncle et Neveu* (Briois), ... 1 fr. »
— *Morceaux choisis* (B. Lévy) . . . . 3 fr. »

Schiller et Gœthe : *Correspondance* (B. Lévy). . . . 3 fr. »
— *Poésies lyriques* (Lichtenberger). . . . . 2 fr. 50

Schmid : *Cent petits contes* (Scherdlin). . . . . 1 fr. 50
- *Les Œufs de Pâques* (Scherdlin) . . . . 1 fr. 25

LANGUE ANGLAISE

Aikin et Barbauld : *Soirées au logis* (Tronchet) . . . 1 fr. 50

Byron : *Childe Harold* (E. Chasles) . . . . 2 fr. »

Choix de contes en anglais (Beaujeu)	1 fr. 50
Cook : *Extraits des Voyages* (Angellier)	2 fr. »
Dickens : *Un conte de Noël* (Fiévet).	1 fr. 50
Edgeworth : *Forester* (Al. Beljame)	1 fr. 50
— *Contes choisis* (Motheré)	2 fr. »
— *Old Poz* (Al. Beljame)	» 40
Eliot (G.) : *Silas Marner* (A. Malfroy)	2 fr. 50
Foë (Daniel de) : *Robinson Crusoé* (Al. Beljame). . .	1 fr. 50
Franklin : *Autobiographie* (E. Fiévet).	1 fr. 50
Goldsmith : *Le Vicaire de Wakefield* (A. Beljame) . . .	1 fr. 50
— *Le voyageur; le village abandonné* (Motheré)	» 75
— *Essais choisis* (Mac Enery)	1 fr. 50
Gray : *Choix de poésies* (Legouis)	1 fr. 50
Irving (W.) : *Vie et voyages de Christ. Colomb* (E.Chasles).	2 fr. »
— *Le livre d'esquisses* (Fiévet).	2 fr. »
Macaulay : *Morceaux choisis des essais* (Aug. Beljame). .	2 fr. 50
— *Morceaux choisis de l'Histoire d'Angleterre* (Battier) .	2 fr. 50
Milton : *Le paradis perdu*, livres I et II (Aug. Beljame)..	» 90
Pope : *Essai sur la critique* (Motheré)	» 75
Shakespeare : *Jules César* (C. Fleming).	1 fr. 25
— *Henri VIII* (Morel)	1 fr. 25
— *Macbeth* (Morel)	1 fr. 80
— *Othello* (Morel)	1 fr. 80
Swift : *Les voyages de Gulliver* (E. Fiévet).	1 fr. 80
Tennyson : *Enoch Arden* (Al. Beljame).	1 fr. »
Walter Scoot : *Contes d'un grand-père* (Talandier). .	1 fr. 50
— *Morceaux choisis* (Battier)	3 fr. »

CLASSIQUES FRANÇAIS

Les noms des annotateurs sont entre parenthèses.

BOILEAU : *Œuvres poétiques* (Brunetière). 1 50
— *Poésies et Extraits des œuvres en prose.* 2 »
BOSSUET : *De la connaissance de Dieu* (de Lens). 1 60
— *Sermons choisis* (Rébelliau). . . . . 3 »
— *Oraisons funèbres* (Rébelliau). 2 50
BUFFON : *Morceaux choisis* (E. Dupré). 1 50
— *Discours sur le style* . . . . » 30
CHANSON DE ROLAND : *Extraits* (G. Paris). 1 50
CHATEAUBRIAND : *Récits, scènes et paysages* (Brunetière). » »
CHEFS-D'ŒUVRE POÉT. DU XVIe SIÈCLE (Lemercier). . . 2 50
CHOIX DE LETTRES DU XVIIe SIÈCLE (Lanson). . . . 2 50
CHOIX DE LETTRES DU XVIIIe SIÈCLE (Lanson). . . . 2 50
CHRESTOMATHIE DU MOYEN AGE (G. Paris et E. Langlois). 3 »
CORNEILLE : *Théâtre choisi* (Petit de Julleville). . . . . 3 »
Chaque pièce séparément. 1 »
— *Scènes choisies* (Petit de Julleville). . . . . 1 »
DIDEROT : *Extraits* (Texte). . . . . 2 »
EXTRAITS DES CHRONIQUEURS (G. Paris et Jeanroy). . 2 50
EXTRAITS DES HISTORIENS DU XIXe SIÈCLE (C. Jullian). 3 50
EXTRAITS DES MORALISTES (Thamin). 2 50
FÉNELON : *Fables* (Ad. Regnier). . . . . » 75
— *Télémaque* (A. Chassang). 1 80
FLORIAN : *Fables* (Géruzez). . . . . » 75
JOINVILLE : *Histoire de saint Louis* (Natalis de Wailly). . 2 »
LA BRUYÈRE : *Caractères* (Servois et Rébelliau). 2 50
LA FONTAINE : *Fables* (Géruzez et Thirion). 1 60
LAMARTINE : *Morceaux choisis*. . . . . 2 »
MOLIÈRE : *Théâtre choisi* (E. Thirion). . . . . 3 »
Chaque pièce séparément . . . . 1 »
— *Scènes choisies* (E. Thirion). 1 50
MONTAIGNE : *Principaux chapitres et extraits* (Jeanroy). 2 50
MONTESQUIEU : *Grand. et décad. des Romains* (Jullian). 1 80
— *Extraits de l'Esprit des lois et des œuvres div.* (Jullian). 2 »
— *Esprit des lois*, livre 1er (Jullian). . . . . » 25
PASCAL : *Opuscules et Pensées* (Brunschwicg). 3 50
— *Opuscules* (C. Adam). 1 50
— *Provinciales*, I, IV, XIII (Brunetière) 1 80
PROSATEURS DU XVIe SIÈCLE (Huguet). 2 50
RACINE : *Théâtre choisi* (Lanson). . . . . 3 »
Chaque pièce séparément. 1 »
RÉCITS DU MOYEN AGE (G. Paris). 1 50
ROUSSEAU : *Extraits en prose* (Brunel). . . . . 2 »
— *Lettre à d'Alembert sur les spectacles* (Brunel). . . . 1 50
SCÈNES, RÉCITS ET PORTRAITS DES XVIIe ET XVIIIe SIÈCLES (Brunel). . . . . 2 »
SÉVIGNÉ : *Lettres choisies* (Ad. Regnier). 1 80
THEATRE CLASSIQUE (Ad. Regnier). . . . . . . 3 »
VOLTAIRE : *Extraits en prose* (Brunel). . . . . 2 »
— *Choix de lettres* (Brunel). 2 25
— *Siècle de Louis XIV* (Bourgeois). . . 2 75
— *Charles XII* (A. Waddington). . . 2 »

8-99.

www.ingramcontent.com/pod-product-compliance
Ingram Content Group UK Ltd.
Pitfield, Milton Keynes, MK11 3LW, UK
UKHW031919260826
14628UKWH00003B/1298

9 782329 399287